はじめての算数

森本隆史 編著

東洋館出版社

はじめに

この本のタイトルは「はじめての算数」です。

きっと算数を初めて学ぼうとされている方が、この本を手に取ってくださっていることと思います。

なぜ、この本を読んでみようと思われているのでしょうか。理由はそれぞれの方でちがうと思いますが、下のようなことが考えられる気がします。

A：算数のことを学びたいからとりあえず読んでみようと思った
B：「数学的活動」などと聞いたことはあるがよくわからない
C：少しでも算数の授業技術を向上させたい
D：自治体内で「スタンダード」を進められるが疑問をもっている
E：算数の授業をすることはできるが授業があまりおもしろくない

もちろん、A～Eだけではなく他の理由もあるでしょう。この本は、現在、公立小学校、私立小学校、附属小学校、大学で働いている者が執筆しています。この本を執筆するにあたり、どんなことを書けば、読者の方のお役に立つことができるのか、いろいろな立場から何度も話し合いを重ねてきました。

多くの先生方は、教育実習や初任者研修で担当してくださった方の指導を受け、それぞれの学校の同僚の先生方からいろいろと教えてもらい、真似したいことを見つけ、見様見真似で、自分の授業力を向上させようとしてきたと思います。それはとても大切なことです。

しかし、世の中はとても広いです。自分のまわりにはない考え方をもっている人がたくさんいます。

この本を最後まで読んだとき、何かが変わるとすれば、それはきっと「授業観」だと思います。

はじめに

　子どもを大切にするという「授業観」。
　小学校の先生になろうとした時点で、読者の方々は、子どもたちのことが好きなのだと思います。子どもたちを大切にした授業をしたいと思っているはずです。
　子どもたちを大切にする授業とはどのような授業なのでしょうか。

　国語の授業とはちがい、算数の授業は教科書を開き、問題を読み、どんな式になるのかを子どもたちに考えさせ、順番に発表させていけば、なんとなく授業を流すことはできるようになります。このような授業ができるようになるまでに、そんなに時間はかかりません。早い人なら、教員になって半年、いや一か月でもできるかもしれません。

　ただ、そんな算数の授業は楽しいでしょうか。
　子どもたちは笑顔になれるでしょうか。

　答えは簡単です。そんな授業は子どもも教師も楽しくないし、笑顔にはなれません。
　わたしも子どもたちが笑顔になる、そして、子どもたちが算数を楽しめる授業をしたいと思い、日々がんばっています。しかし、その道のりはとても長いです。
　自分の求める理想の算数授業ができるようになるまでには、かなりの努力と時間が必要だと思います。その長い道のりの第一歩として、この本を読んでいただければ、とてもうれしいです。共にがんばりましょう。

　　　　　　　　　　　筑波大学附属小学校　森本隆史

Contents

はじめに 2

第 1 章 算数の教科特性

1 算数は教えやすい教科だと思われがち 8

2 算数の特性って、どんなの? 10

3 算数科の目標 12

4 算数科の内容 14

5 「数学的活動」って、どういう活動? 16

6 「数学的な見方・考え方」を働かせるとは? 18

7 教科書の問題を変えたっていい 20

8 「知識及び技能」は計算が速くできればいいわけではない 22

9 「思考力・判断力・表現力」を育むために 24

10 「学びに向かう力」をどうとらえるか 26

11 算数はおもしろい? 28

12 子どもが算数を好きになるために 30

Column 教頭先生からの言葉 32

第 2 章 算数の授業準備

1 授業の準備はどうやってするの? 34

2 教科書・指導書をどのように読むの? 36

3 本時のねらいと子どものつまずきをイメージしよう 38

4 問題提示と発問を考えてみよう 40

5 板書はどうする? 42

6 単元の計画をどう立てる? 44

7 学習指導要領解説を読んでみよう 46

Column 授業を通して子どもを探り続ける 48

第 3 章 算数の授業づくり

1 1時間の授業構成を考えよう ⸺⸺ 50
2 「数と計算」の授業づくり ⸺⸺ 52
3 「図形」の授業づくり ⸺⸺ 54
4 「測定」の授業づくり ⸺⸺ 56
5 「変化と関係」の授業づくり ⸺⸺ 58
6 「データの活用」の授業づくり ⸺⸺ 60
7 単元導入の授業をつくろう ⸺⸺ 62
8 計算練習の授業をつくろう ⸺⸺ 64
9 既習を生かした発展的な授業をつくろう ⸺⸺ 66

Column 積極的に授業を公開することで授業観を更新しよう ⸺⸺ 68

第 4 章 算数の指導技術

1 思考過程の見える板書づくりのコツ ⸺⸺ 70
2 子どもの思考が動き出す教具の工夫 ⸺⸺ 72
3 効果的な発問や言葉掛け ⸺⸺ 74
4 机間指導中の教師の役割 ⸺⸺ 76
5 図を自由自在に使える子どもを育てたい! ⸺⸺ 78
6 交流・発表の仕方のポイント ⸺⸺ 80
7 学びにつながるICT端末の活用 ⸺⸺ 82
8 授業のラスト、何をする? ⸺⸺ 84

Column 子どもを育て、子どもに育てられ ⸺⸺ 86

第 5 章 算数の学習評価

1 子どもたちとどんな算数授業を創りたい? ⸺⸺ 88
2 記録に残す評価と指導に生かす評価はどう違う? ⸺⸺ 90
3 授業で子どもの何を、どう見取るの? ⸺⸺ 92
4 子どものノートの見取り方 ⸺⸺ 94
5 知識・技能はどう評価する? ⸺⸺ 96

6 思考・判断・表現はどう評価する? ………………………… 98

7 主体的に学習に取り組む態度はどう評価する? ………… 100

Column 謙虚に学び続ける教員でありたい ………………… 102

第 **6** 章 算数の家庭学習

1 そもそも宿題の目的は? …………………………………… 104

2 宿題を出すときのポイント ……………………………… 106

3 AIドリルvsノート学習　併用のすすめ ………………… 108

4 宿題から自主学習へ ……………………………………… 110

5 どのような自主学習があるのか? ……………………… 112

6 学習のモチベーションを高める工夫 …………………… 114

7 家庭との連携 ……………………………………………… 116

Column 子どもに任せることと教師が出ることのバランス …… 118

第 **7** 章 Q&A

Q1 どうすれば算数の授業がうまくなりますか? ………… 120

Q2 どうして学力差が生まれてしまうのでしょうか? …… 121

Q3 どうすれば子どもたちは友だちの話を聴くようになりますか? …… 122

Q4 個人→グループ→全体という学習形態は必ずした方がよいですか?

………………………………………………………………… 123

おわりに ……………………………………………………… 124

第 1 章

算数の教科特性

1 算数は教えやすい教科だと思われがち

1 「教え込み」はすぐにできるようになる
2 「授業観」を変えるところから始まる

1 「教え込み」はすぐにできるようになる

　1年生は週に4時間、2年生以上は週に5時間ほど、算数の授業があります。算数の授業はほとんど毎日あると言えます。国語の授業も、毎日必ずあります。全国の新採用の先生方とお話をしていると、「算数の授業はなんとかできるんですけど、国語は難しいです」ということを言われる方がとても多いです。

　算数はもともとの問題が教科書に載っているのに対して、国語は物語文や説明文を読んだ後に、子どもたちにどんなことを尋ねればよいのかがわからないということです。確かにそうです。わたしも昔、国語の授業をするときに困っていました。どんな発問をすればよいのだろうかなど、難しいことはたくさんあります。

　あれ？　ところで、算数の授業は、本当になんとかできるのでしょうか。

　そうです。算数の授業は国語とちがって、なんとかできるのです。どんな授業なのかは今はおいておきますが、こんな感じです。

　「はい、教科書の12ページを開いてください。だれか1番の問題を読んでくれる人？」「Mさん、上手に読めましたね。じゃあ、今日の課題をかきます。みんなで読みましょう」「では、まずはひとりで解いてみましょう。時間は5分です」「だれか、式を言ってくれる人？」「みなさん、どうですか？」「答えはどうなりますか？」「みなさん、どうですか？」「次は2番の問題です」みたいな。

　こういう授業は、何度かすれば大学生でもできますし、ひょっとしたら保護者でもできます。いわゆる型にはまった教え込みというものです。

2 「授業観」を変えるところから始まる

　先に示したような授業はすぐにでもできるようになります。なぜなら、教師が何も考えていないからです。教科書に載っていることを、そのまま読んで、書いて、式と答えを子どもたちが言っているだけだからです。

　立場を変えて考えてみましょう。自分が子どもだとして、毎日このような授業を受けたいと思うでしょうか。わたしだったら、毎日退屈で仕方ありません。

　算数の授業というのは、左のページで示したようなものではないのです。

　教え込みやすい教科ですが、教えやすい教科ではないということです。

　この本を手に取っている先生方は、採用されてまだ数年も経っていない方も多いと思います。まずは、算数の授業における「授業観」を変えてみましょう。

　算数の授業は、教師が教え込むことではなく、子どもたちから「引き出す」ことが大切になってきます。

　授業の中で、子どもたちから引き出したいものはたくさんあります。

・やる気　・考え　・表現　・わからなさ　・迷い　・本気さ
・かかわり合い　・やさしさ　・感動　・笑顔

　教科書を開き、型にはまった授業をして、上に示しているようなものを引き出すことは可能でしょうか。わたしが特に大切にしたいと思っているのは、最後に書いている「笑顔」です。45分の授業の中で、一回でいいから、全員に笑ってほしいと思っています。授業から外れた先生の話や、アニメのキャラを登場させるではなく、算数の内容でです。

　「やさしさ」も大切です。想像してください。先生方のクラスの子どもを。「自分はもうわかっているから、早く先に進んでほしい」という空気を出している子どもがたくさんいる教室は、居心地がよくないですよね。そうではなく、「となりの友だちが困っているから、もう少しみんなで考えよう」と思う子どもたちを育てたくないでしょうか。そのような「授業観」をもつと、算数の授業はとても難しく、奥が深いものになっていきます。

2 算数の特性って、どんなの?

1 「わかる」「わからない」がはっきりする教科
2 既習の学習の上に成り立っている教科

1 「わかる」「わからない」がはっきりする教科

　算数は他の教科となにがちがうのでしょうか。
　まずは、子どもたちのことを考えてみましょう。子どもたちの立場を考えると、算数は授業の中で「わかる」「わからない」と「できる」「できない」がはっきりするということがあります。まわりの友だちはわかっているのに、自分はわかっていない。教室の中に「この問題、簡単」という声が聞こえてくるのに、自分はできていないということが子どもの中で起きやすい教科なのです。
　子どもたちは、どんなときに「わからない」という状態になるのでしょう。例えば、

- ・問題文を読んでみたが意味がわからない
- ・どんな式になるのかがわからない
- ・どうしてその式になるのかがわからない
- ・式の中に出てくる数が何を表しているのかがわからない
- ・式を立てることはできたが計算の仕方がわからない
- ・図のかき方がわからない　　・図の意味がわからない
- ・友だちの説明がわからない　・先生の言ったことがわからない

などがあります。
　算数が得意な子どもははじめからいろいろなことがわかるので、わからない子どもの気持ちについて考えることができないものです。だから、算数の授業は、難しいのです。

2 既習の学習の上に成り立っている教科

　現行の学習指導要領では、各教科で「資質・能力」を育成するということに重きが置かれました。これは、初めてのことです。資質・能力を育成することを重視したとき、各教科の内容は、あくまでも資質・能力を育成するための素材としてとらえることもできます。これまで「既習」と言えば、内容のことだけが注目されていましたが、「何ができるようになるか」という資質・能力の立場からも既習について考えていく必要があります。

　また、算数科は、「積み上げ」の教科と言われるほど、系統性がしっかりとしているということがあげられます。これは、どの教科よりも強いです。海外の教科書を見るとよくわかるのですが、日本の算数科の系統性は世界の中でもトップクラスと言ってよいくらいよく検討された上で成り立っています。

　1年生から、整数の学習で、十進位取り記数法について学んでいきます。学年が上がるにつれて位も増えていきますが、そのしくみは同じです。ここで学んだことは、小数の概念や表記にも生かされていきます。

　2年生でかけ算の九九を確実に習得していなければ、3年生になったときに、2桁以上のかけ算をすることはできませんし、わり算の計算もできません。もっと言えば、その後に出てくる小数や分数のかけ算、わり算もできないです。

　他の教科ではこのように直接的に困ることは少ないです。つまり、算数の学習を進める上で、教師は「既習を活かす」ということを意識して、授業をしていく必要が、どの教科よりもあるということです。

　読者の先生方は教師になってから、1年生から6年生まですべての担任をしたという経験はまだないと思います。4年生の担任をした後に2年生の担任をして、その後に5年生の担任をするということは、どの職場でもよくあることです。4年→2年→5年というように過ごしていると、どの学年のどの内容がどこにつながっているのかということが、なかなかわかりません。しかし、先に述べたように、算数では系統性がはっきりとしているので、つながりがわかっていた方が、教師として圧倒的に授業がうまくなっていきます。子どもたちのちょっとした発言に対して、価値づけることが変わってくるからです。

　日頃、算数の授業で扱っている単元が、どの学年のどの単元につながっているのか、指導書を見る前に予想してみるとおもしろいです。その後、答え合わせのように指導書を見ると、つながりが頭の中に入りやすいかもしれませんよ。

算数科の目標

1 資質・能力を育む3つの柱について知ろう
2 目標の説明を読んでみよう

1 資質・能力を育む3つの柱

　算数科の目標については、学習指導要領解説の21〜29ページにくわしく書かれています。
　はじめに、次のように書かれています。

> 数学的な見方・考え方を働かせ、数学的活動を通して、数学的に考える資質・能力を次のとおり育成することを目指す。
> (1) 数量や図形などについての基礎的・基本的な概念や性質などを理解するとともに、日常の事象を数理的に処理する技能を身に付けるようにする。
> (2) 日常の事象を数理的に捉え見通しをもち筋道を立てて考察する力、基礎的・基本的な数量や図形の性質などを見いだし統合的・発展的に考察する力、数学的な表現を用いて事象を簡潔・明瞭・的確に表したり目的に応じて柔軟に表したりする力を養う。
> (3) 数学的活動の楽しさや数学のよさに気付き、学習を振り返ってよりよく問題解決しようとする態度、算数で学んだことを生活や学習に活用しようとする態度を養う。

　(1)は知識及び技能、(2)は思考力、判断力、表現力等、(3)は学びに向かう力、人間性等に対応しています。算数科でも、資質・能力を育む3つの柱が目標とされています。

2 目標の説明

　学習指導要領解説では目標を6つに分けて説明しています。ここでは、その説明をさらに短くまとめています。さらにくわしく読みたくなった方は解説をご覧ください。

「数学的な見方・考え方を働かせ」について

　数学的な見方・考え方は、事象を数量や図形及びそれらの関係などに着目して捉え、根拠を基に筋道を立てて考え、統合的・発展的に考えることとして整理されています。「知識及び技能」「思考力、判断力、表現力等」「学びに向かう力、人間性等」のすべてに対して働かせるものということも書かれています。

　授業をするに当たって、いちばんに考えていくべきところだと言えます。

「数学的活動を通して」について

　数学的活動とは、「事象を数理的に捉えて、算数の問題を見いだし、問題を自立的、協働的に解決する過程を遂行することである」と示されています。1つの問題を解決して終わりではなく、その過程や結果を振り返って、新たな問題を見いだすことが大切だということです。

　1年生に①を出します。①の答えを求めました。②を出します。答えがわかりました。③を出します。③の答えもわかりました。ここで終わりとすれば、これはただ単に3つの問題を解いたということになります。しかし、③を終え

> ① 1 + 2 + 3 ＝ 6
> ② 2 + 3 + 4 ＝ 9
> ③ 3 + 4 + 5 ＝12

たところで子どもたちがザワザワし始めるでしょう。どんなことを言いそうですか。

　A「次の問題がわかった」、B「答えが3ずつ増えている」

　このような言葉を子どもから引き出して、Aに対しては「次はどんな問題になるんだろうね」、Bについては「どうして答えが3つずつ増えているのかな」と、子どもたちと考えることができます。このように、子どもと算数の授業を創っていくイメージができると、日頃の授業は変わっていきます。

「数学的に考える資質・能力を育成すること」について

　数学的に考える資質・能力とは、目標に示された三つの柱で整理された算数教育で育成を目指す力のことです。これらは、数学的な見方・考え方を働かせた数学的活動によって育成されるもので、算数の学習、日常生活等での問題解決に生きて働くものであるとかかれています。

4 算数科の内容

1 算数科内容の骨子は8つに簡略化される
2 内容領域の構成を知ろう

1 算数科内容の骨子

　算数科は、子どもたちの発達段階を踏まえて、小学校と中学校の教育課程の接続という視点から、4つの段階を設定して、育成すべき資質・能力と働かせる数学的な見方・考え方を明示した内容構成になっています。4つの段階とは、第1学年、第2学年と第3学年、第4学年と第5学年、第6学年です。
　算数科の内容については、学習指導要領解説の33ページから書かれています。まずは内容の骨子について、以下のように示されています。

> ① 数概念の形成とその表現の理解、計算の構成と習得
> ② 図形概念の形成と基本的な図形の性質の理解
> ③ 量の把握とその測定の方法の理解
> ④ 事象の変化と数量の関係の把握
> ⑤ 不確定な事象の考察
> ⑥ 筋道を立てて考えること
> ⑦ 数学的に表現すること
> ⑧ 数学的に伝え合うこと

　①〜⑤は、算数科の学習において考察対象となるものとその考察の方法に関する項目です。このあとに出てくる内容領域につながっていきます。
　⑥〜⑧は、算数科の学習全体を支える数学的な方法などに関する項目です。

2 内容領域の構成

　今回の学習指導要領から、算数科における内容の領域構成が大きく見直されました。下学年と上学年で内容領域にちがいがあります。簡単に示すと、以下のようになります。

　下学年が「C 測定」に対して、上学年は「C 変化と関係」となっています。
　前回までは「B 量と測定」という領域があったのですが、下学年に「C 測定」領域を設定したり、前回までの「D 数量関係」領域における関数の考えの育成について、新しく上学年に「C 変化と関係」領域を設定したりしました。これは、子どもたちの発達段階を考慮して、育成すべき資質・能力と、働かせる数学的な見方・考え方が明らかに示されたこととも関係があります。また、内容の系統性や発展性を中学校数学科との接続をも視野に入れて整理されたようです。ちなみに中学校数学科の内容は「A 数と式」「B 図形」「C 関数」「D データの活用」となっています。

　他にも、これまで、基本的な図形の面積や立体図形の体積を求める学習は、「B 量と測定」領域として扱われていました。しかし、今の学習指導要領では、「B 図形」領域に位置付けられています。
　これは、三角形の面積を求めるときは、底辺や高さをもとにして計算によって面積を求めるのですが、計量をするとき、図形の性質や図形を構成する要素などに着目する必要があります。新しい「図形」の領域を「図形を構成する要素などに着目して、図形の性質を考察したり、それを活用したりする資質・能力を育む」領域としています。
　ここからも、今の学習指導要領では、資質・能力を育むことに重きが置かれていることがわかります。

5 「数学的活動」って、どういう活動?

1 「数学的活動」とは
 方法でも内容でも目標でもある
2 数学的活動のサイクルを知ろう

1 「数学的活動」とは

　平成10年告示の学習指導要領の算数科の目標に初めて「算数的活動」という用語が用いられました。平成20年告示学習指導要領では、その意味が「児童が目的意識をもって主体的に取り組む算数に関わりのある様々な活動」と示されました。算数を学ぶことの楽しさや意義を実感するために、重要な役割を果たすものとして位置付けられてきました。

　今回の改訂で「算数的活動」を「数学的活動」と改めて、その趣旨をさらに徹底することになりました。

　ところで、「数学的活動」とはどのような活動なのでしょうか。
　学習指導要領解説には、次のように示されています。

数学的活動とは、「事象を数理的に捉え、算数の問題を見いだし、問題を自立的、協働的に解決する過程を遂行すること」である。

　今回の改訂では、学習指導の過程において、数学的に問題発見・解決する過程を重視するものとしています。「日常の事象を数理的に捉え、数学的に表現・処理し、問題を解決したり、解決の過程や結果を振り返って考えたりする」ことと「算数の学習場面から問題を見いだし解決したり、解決の過程や結果を振り返って統合的・発展的に考えたりする」ことは相互に関わっていると示されています。授業の各場面で言語活動を充実させ、過程や結果を振り返り、評価・改善することができるようにすることも大切だとも書かれています。

先生方の学校の中には、ある時間になったら、子どもたちに「振り返り」を書くように促す学校があるかもしれません。「振り返り」はただ書かせればよいものでもないですし、いつも授業の最後に書かせるものでもないです。その授業をどのように振り返るのか、しっかりと考えてから取り組むとよいです。

学習指導要領解説の72ページを読むと、次のようにも書かれています。

> 数学的活動は、数学を学ぶための方法であるとともに、数学的活動をすること自体を学ぶという意味で内容でもある。また、その後の学習や日常生活などにおいて、数学的活動を生かすことを目指しているという意味で、数学的活動は数学を学ぶ目標でもある。

このように、数学的活動は、方法でもあり、内容でもあり、目標でもあるということがわかります。

2 数学的活動のサイクル

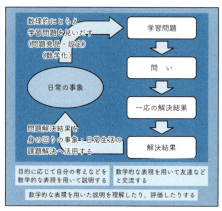 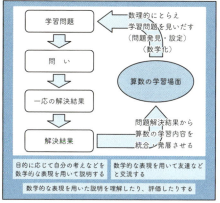

数学的活動は「日常の事象」と「算数の学習場面」、「数学的に表現し伝え合う活動」を中核とした活動が、それぞれの学年で示されています。

上の図はいろいろなところで見る図です。わたしたちは教科書の内容から授業を行うことが多いです。その場合、上に右のサイクルにあるように「算数の学習場面」から始まる数学的活動をしていることになります。日常生活の場面から教材を作った場合は、左サイクルの学びになると言えます。

6 「数学的な見方・考え方」を働かせるとは？

1 「数学的な見方・考え方」は目標の冒頭に示されている
2 子どもの姿をイメージするために

1 「数学的な見方・考え方」は目標の冒頭に示されている

　学習指導要領の算数科の目標には、以下のように冒頭に示されています。
　"数学的な見方・考え方を働かせ、数学的活動を通して、数学的に考える資質・能力を次のとおり育成することを目指す"

　つまり、算数科の目標を実現させるために、子どもたちが、数学的な見方・考え方を働かせることは、前提になるということです。学習指導要領解説の22、23ページには、「数学的な見方」と「数学的な考え方」が分けて示されています。

数学的な見方
　事象を数量や図形及びそれらの関係についての概念等に着目してその特徴や本質を捉えること。
数学的な考え方
　目的に応じて数、式、図、表、グラフ等を活用しつつ、根拠を基に筋道を立てて考え、問題解決の過程を振り返るなどして既習の知識及び技能等を関連付けながら、統合的・発展的に考えること。

　また、数学的な見方・考え方は、数学的に考える資質・能力の三つの柱であるすべてに対して働かせるものとされています。解説を読んでいくと、それぞれの内容に対して、数学的な見方・考え方が示されていますので、読者の方も読まれてみると、具体が少しずつ見えてくると思います。

2 子どもの姿をイメージするために

　学習指導要領解説を読むことはとてもいいことですが、数学的な見方・考え方を働かせている子どもの具体的な姿がイメージしにくいことがあります。子どもたちの姿をイメージするために、いろいろな本から学ぶことも大切です。教科書から学ぶというのもひとつの方法です。

　算数の教科書は6種類あるのですが、例えば、学校図書の教科書には「算数で見つけたい！　考え方モンスター」というものが載っています。

> 「ヒトッツ」
> →1つ分を決めると、そのいくつ分で表すことができるよ。
> 「ソロエ」
> →数をそろえたり、単位をそろえたりすると、比べることができるよ。
> 「オナジン」
> →これまでにやったことと同じように考えるわかることがあるよ。　など

　このような言葉を覚えることが大事なのではありませんが、教師も授業をしていく上で、大切になる考え方を知ることができます。授業の中で、子どものどのような発言を価値付けるのかというときにも、このような考え方を知っておくと役に立ちます。

　右の①〜③の計算を習う学年はちがいます。2桁の整数のたし算、小数のたし算、分母が同じ分数のたし算です。

　しかし、どのたし算も見方を変えると、2＋3＝5に見えます。

> ① $20 + 30 = 50$
> ② $0.2 + 0.3 = 0.5$
> ③ $\frac{2}{7} + \frac{3}{7} = \frac{5}{7}$

①は10を1つ分と考えると2＋3。

②は0.1を1つ分、③は $\frac{1}{7}$ を1つ分と見ると2＋3になります。

　例えば、この3つの計算をしたときに「答えはちがうけど、同じに見える」と、子どもたちが言うことが大切です。何をどのように見て、どのように考えるとよいのかということを、我々教師も意識して授業をしていくとよいです。

7 教科書の問題を変えたっていい

1 子どもたちは素直に考える
2 見せ方と問い方を変えて、
  問題に広がりをもたせよう

　読者の方の中には「教科書の問題はそのとおりにしないといけない」と思っている方がおられるかもしれませんが、そんなことはありません。載っている良問をいかにアレンジして、目の前の子どもと算数を楽しむのかが大切です。

1 子どもたちは素直に考える

　ある教科書には、九九の学習が終わった2年生で「チョコレートは、ぜんぶで何こありますか。九九をつかって、くふうしてもとめましょう」とかかれていて、右の図が載っています。そして、4つの考えが示されて、「つぎの4人の考えをせつめいしましょう」と続いています。

　教科書を開いて、かかれていることをそのまま読んで授業をしたとしましょう。どうですか。まったくおもしろくありませんよね。なぜか。子どもたちからなにも引き出すことができていないからです。
　では、どうすればよいのでしょうか。
　教科書には右のように、はじめから多様な考え方が載っています。これを見たとき、まずは「自分のクラスで出てきそうにない考えはどれかな？」と、教師が考えるようにします。「6×6＝36、3×2＝6、36－6＝30」という考えは、なかなか出てきそうにありません。「自分のクラスで授業をしたときに、出てきそうにない考えを引き出すためにはどうすればよいのか」と、教科書を使って教師が考えるようにすると、授業は少しずつ変わっていきます。

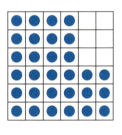

6×6−3×2を引き出すために、教科書にかかれていることをそのまま読むのではなく、「先生、この前、お友だちにチョコレートをもらったんだ。でも、少し食べちゃったんだよ」と、子どもたちに話しかけてみます。このように言うだけで、素直な子どもたちの頭の中には、はじめはチョコレートが箱の中に全部つまっていたという映像が浮かぶはずです。

子どもたちに見せるチョコレートの図も変えたっていいわけです。右の方が明らかに全体が見えやすいです。子どもたちが全体のことを考える確率が高くなってきます。「自分が～と言えば、子どもたちはどう考

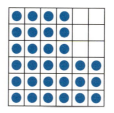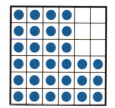

えるだろうか」「自分がこのように見せたら、子どもたちにはどのように見えるだろうか」と考えることが大切になります。子どもたちのことを考えると、授業は楽しくなっていきます。

2 見せ方と問い方を変えて、問題に広がりをもたせよう

教科書の問題は、答えが1つしかないようにできています。それはそうです。しかし、授業では、教科書を少し変えて、答えに広がりをもたせることもできます。6年「対称な図形」では、「次の図は<u>直線アイを対称の軸とする</u>線対称な図形の半分を表しています。残りの半分をかきましょう」とかかれて、Aの図が載っています。この場合、答えは1つしかありません。

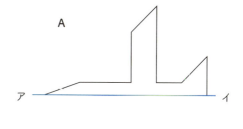

少し変えて、広がりをもたせましょう。

Bの図を見せて「次の図は線対称な図形の半分を表しています。残りの半分をかきましょう」と問いかけます。すると、答えは1つではないですよね。対称の軸を示さないだけで、子どもたちが自分で対称の軸をきめて、残りの半分をみつけようと動き出します。

「知識及び技能」は計算が速くできればいいわけではない

1 計算が速くできることだけが大切なのではない
2 「知識及び技能」にはいろいろある

1 衝撃の光景

　わたしが教員になって1年目か2年目のことです。もう20年以上も前の話になります。当時、近くの学校同士の交流があり、算数を研究している先生の授業を拝見できる機会がありました。その先生は市内でも有名な方のようで、わたしの学校にいた先生も「見に行った方がいいよ」と勧めてくれました。

　どんな授業を参観できるのだろう。ワクワクしていたのはよく覚えています。チャイムが鳴ると同時にその方は、子どもたちにプリントを配り始めたのです。100マス計算のプリントです。

　鍛えられていた子どもたちは、プリントを後ろの子に素早く渡すことに執着していました。あっという間に40人の子どもたちにプリントが行き渡ります。「よーい、スタート」という合図の後、100マス計算に取り組む子どもたち。「はい！」「38秒」「はい！」「41秒」「はい！」「42秒」というやりとりが行われます。「終わり」という声が聞こえたと思ったら、後ろの子どもからどんどんプリントが前に回ってきて、あっという間にすべてのプリントが集まりました。それを見ていた先輩の先生が「ね、すごいでしょ」と、わたしに言いました。

　読者の皆様は、この話を聞いて、なにを感じますか。

　わたしはすごい違和感をもちつつ「『すごい』の中身が変ではないか」と思いました。ひょっとしたら、いまだに100マスプリントを配って、上に示したようなことをがんばっている学校もあるのかもしれません。

　計算が速くできることだけが大切なのではないです。

2 「知識及び技能」にはいろいろある

　残念ながら左に示したようなことばかりがんばっていた学校もありました。もしも、まだ計算練習ばかりしている学校があるとすれば、それはまちがっています。学習指導要領の解説を開いて、「知識及び技能」についてかかれているところを少し読むだけで、「知識及び技能」は計算だけができればよいのではないとわかります。

　1年「数の構成と表し方」には、知識及び技能として以下のことがあります。

> ア　ものとものとを対応させることによって、ものの個数を比べること
> イ　個数や順番を正しく数えたり表したりすること
> ウ　数の大小や順序を考えることによって、数の系列を作ったり、数直線の上に表したりすること
> エ　一つの数をほかの数の和や差としてみるなど、ほかの数と関連付けてみること
> オ　2位数の表し方について理解すること
> カ　簡単な場合について、3位数の表し方を知ること
> キ　数を、十を単位としてみること
> ク　具体物をまとめて数えたり等分したりして整理し、表すこと

　読者の方の中には、上のようなものを初めて読んだという方もいると思います。忙しい毎日を過ごす中で、学習指導要領の解説を読む余裕はそんなにないです。ただ、実際に読んでみるといかがでしょうか。

　1年生のはじめの段階でも、「比べること」「数えたり表したりすること」「関連付けてみること」「十を単位としてみること」「整理し、表すこと」などと、かかれています。

　算数の授業をしていくとき、ここにかかれていることを意識するだけで、授業は変わっていきます。ここにかかれていることを子どもから引き出すようにすればいいのです。ア～クについて、具体的なことは学習指導要領解説にかかれています。時間が許すときに少し読んでみると、算数を教えるときに、教師として少しレベルが上がります。

「思考力・判断力・表現力」を育むために

1. 「思考力・判断力・表現力」について
2. 子どもたちの思考や表現が進むための見せ方と問い方を考える

1 「思考力・判断力・表現力」について

　学習指導要領に示されていますが、「思考力・判断力・表現力等」は育成すべき資質・能力の3つの柱のうちの1つです。

　算数の場合、どのような数学的な見方・考え方を働かせて、数学的活動を行い、子どもたちがどのような「思考力・判断力・表現力等」を身に付けることを目指しているのかが、それぞれの学年の内容に示されています。

　また、数学的な見方・考え方のうち、数学的な見方に関連するものについては、「〜に着目して」という文言が入っているので、読者の方が学習指導要領の解説を読まれるときは、意識してみるとよいです。

2 子どもたちの思考や表現が進むための見せ方と問い方を考える

　例えば、5年生の図形領域の「B（3）平面図形の面積」には、次のように載っています。

> イ　次のような思考力、判断力、表現力等を身に付けること。
> 　（ア）図形を構成する要素などに着目して、基本図形の面積の求め方を見いだすとともに、その表現を振り返り、簡潔かつ的確な表現に高め、公式として導くこと。

　ここでは、平行四辺形や三角形、台形、ひし形などの面積の求め方について学んでいきます。

　子どもたちがどんな数学的な見方を働かせるのかと言えば、「図形を構成す

る要素などに着目して」と書かれていますので、まずは子どもたちが図形を構成する要素に着目できることが大切になります。また、ここでは、子どもたちが、図形の一部を移動して自分が面積を求めることができる図形に等積変形することや、既習の計算による求積が可能な図形の半分の面積であるとみることなども大切になってきます。

下のA、Bの三角形はどちらも同じ直角三角形です。

5年生の子どもたちにAとBを見せて「どっちの三角形の方が面積を求めやすいかな？」と尋ねてみました。すると「Aの三角形の左下の角は直角ですか？」と聞いてきた子どもがいました。「直角だよ」と伝えると、ほとんどの子どもが「Aの三角形の方が面積を求めやすい」と言いました。

はじめから直角を示してもよいのですが、できればこのように自分で構成要素に着目する子どもにしたいですよね。あえて曖昧にすることで、尋ねたくなるということもあります。

さて、どちらも同じ三角形なのに、子どもたちはどうしてAの方が求めやすいと判断したのでしょうか。尋ねてみると「Aは同じ形が2つで長方形ができるから」と答えました。Aのように置くと、見えていないはずの長方形が見えてくるのだと思います。そのように考えると、Aの三角形は高さを長方形の縦、底辺を長方形の横と見ることができます。

「同じ形をもう一つくっつけて長方形を作る」と、子どもたちが考えたことになります。このようなことを考えた後に、Bは長方形にできないのか考えてみます。このままだと長方形は見えにくいですね。しかし、直線を1本引くと直角三角形が2つ見えてきます。先ほどと同じように考えると長方形が見えてきますね。Aとは場所がちがいますが、やはり三角形の高さが長方形の縦、底辺が長方形の横になりますね。

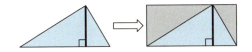

10 「学びに向かう力」をどうとらえるか

1 算数科における「学びに向かう力」
2 問題を広げることを楽しむ

1 算数科における「学びに向かう力」

「学びに向かう力・人間性等」は、育成すべき資質・能力の3つの柱のうちの1つに位置付けられています。ここでは、算数科における学びに向かう力について述べていきます。

算数科の「学びに向かう力・人間性等」については、以前、算数・数学ワーキンググループにおける審議で次のようにまとめられています。

- 数量や図形についての感覚を豊かにするとともに、数学的に考えることや数理的な処理のよさに気付き、算数の学習を進んで生活や学習に活用しようとする態度
- 数学的に表現・処理したことを振り返り、批判的に検討しようとする態度
- 問題解決などにおいて、よりよいものを求め続けようとし、抽象的に表現されたことを具体的に表現しようとしたり、表現されたことをより一般的に表現しようとしたりするなど、多面的に考えようとする態度

上の文章を見てもわかりますが、ある問題があったとき、その問題を解くことができればそれでよいということではありませんね。これまでは問題解決におけるプロセスや結果を大切にしてきましたが、これからは、結果が出た後の態度も大切にしていこうということです。

問題解決のプロセスや結果を振り返った後、よりよい解決方法はなかっただろうかと考えたり、もともとの問題の一部分を変えて新しい問題を作ってそれについて考えたり、得た知識や考えをもとに新しい課題を見いだしたりするこ

とが大切になってきます。

　算数科における「学びに向かう力」を簡単に言うと、ある問題を解決した後に、次の問題を見いだし、さらに学びに向かおうとする前向きな態度だと考えることができます。

2 問題を広げることを楽しむ

　子どもたちの「学びに向かう力」を育てるためには、教師が子どもと一緒に問題を広げることを楽しむ必要があります。問題を広げるという経験がまったくない子どもたちに、新しい課題を見いだしてくださいというのは無理な話です。何度も子どもたちと問題を広げていくことが、子どもたちの「学びに向かう力」を育むことにつながっていきます。

　5年「正多角形と円」の学習では、図のように（あ）や（い）にあたる角の大きさを求める問題があります。（あ）の大きさを求めるためには、360÷8＝45、（い）の角の大きさを求めるためには（180－45）÷2×2＝135という式を立てるでしょう。正八角形の中に8つの合同な二等辺三角形があることや、二等辺三角形の底角の大きさが同じであるということ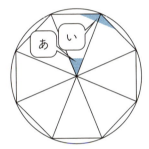
を使い、（あ）（い）の角度を求めることができます。このような問題をすることで、正八角形の図形を構成する要素に着目して、図形の性質について考察していくことができます。

　この問題の後、どうしたらよいでしょうか。そのまま終わってはもったいないです。この問題を広げていきたいです。

　わたしは「円の中心を通る対角線を引いてできる角の大きさ」については考えたので、「円の中心を通らない対角線を引いてできる角の大きさ」についても考えたいと思いました。単純な発想ですが、おもしろいです。（う）の角の大きさを求めるためにはどうすればよいでしょうか。三角形ABCが二等辺三角形なので（180－135）÷2＝22.5で求められますね。「だったら、他のところも求められそうだよ」なんて、子どもたちが言えば、少しずつですが、学びに向かう力が育っていきそうですよね。

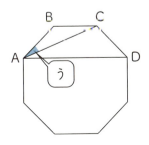

27

11 算数はおもしろい？

1 教科書のままだとおもしろくない
2 算数は1年生からおもしろい

1 教科書のままだとおもしろくない

　算数はおもしろいかと、尋ねられたら、答えは「おもしろい！」です。
　しかし、毎日、教科書を開き、問題文を読み、一人で考え、友だちと少し交流して、お互いの発表を聞いて終わりという学び方ばかりだと、「おもしろくない」です。

　あるとき、先輩から「どうして、算数の授業をしているんだ？」と、尋ねられたことがあります。それまでは「どうして算数の授業をしているのか」と、深く考えたことがなかったので、ハッとさせられました。そのとき、真剣に考えて次のように答えました。
「自分が算数をしていて『おもしろい』と思ったことを、そのおもしろい世界を子どもたちにも見てほしからです」
　すると、その先輩はにっこりとして、「それでいいんだ」と、言ってくれました。
　教科書を開いて、そこに書いてあることばかりで算数の授業をしていると、授業をしている教師も、授業がつまらなくなってきます。教師がおもしろいと思っていないのに、子どもたちをつき合わせるのはかわいそうですよね。
　わたしは、教科書を否定しているわけではありません。教科書には、良問ばかりが詰まっています。教科書にかいてあることを、どのように見せて、どのように問えば、自分も子どもも楽しくなるのかと考えることが大切です。

2 算数は1年生からおもしろい！

　読者の方の中には、1年生を担任したことがない方もおられるでしょうね。初めて1年生を担任すると、戸惑うことが多くあります。算数の教科書を眺めて、「この内容で、どうやって45分も授業をするんだろう？」と思うこともあるようです。でも、1年生の算数もおもしろいです。

　1年生では、10のまとまりを作って、10が10個集まると100になるということなども学びます。「10のまとまりを作る」ということが大切になります。

　教科書には、右のような写真があり、チョコが全部でいくつあるのかを問う問題があります。

　10のまとまりが6個と1のばらが6個なので66個です。ただ、この問題ははじめから、10のまとまりが示されています。少しおもしろくないです。

　そこでわたしは、右のチョコを一瞬だけ見せて、すぐにかくしました。このようにすると、子どもたちは「えー、もう一回見せて」と、動き出します。さて、チョコは全部でいくつあるでしょうか。

　まとまりが5つあるので、一瞬、50個あるように見えませんか。しかし、箱の中に入っているチョコの数は10ではなく、12にしています。

　なぜでしょうか。

　それは、子どもたちに10のまとまりを作らせたいからです。子どもから大切な「10のまとまりを作る」ということを引き出したいからです。

　子どもたちは下のようにして10のまとまりを2種類作りました。

　この見方・考え方のちがいが、おもしろいですよね。

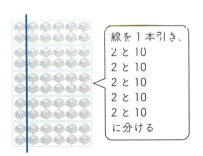

線を1本引き、
2と10
2と10
2と10
2と10
2と10
に分ける

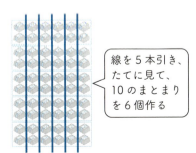

線を5本引き、
たてに見て、
10のまとまり
を6個作る

12 子どもが算数を好きになるために

1 教師の授業観
2 教材づくりの工夫

　子どもたちが算数を好きになるためには、なにが必要なのかと考える前に、子どもたちの中に「算数が嫌い」という子どもがたくさんいるということについて、考えてみましょう。
　なぜ、その子どもたちは算数が嫌いなのでしょうか。2つの理由がすぐに思いつきます。
(1)「わからない」「できない」から
　大きな理由のひとつとしては、問題に対峙したとき「わからない」「できない」状態になってしまうということです。まわりの友だちは「わかった」と言っているのに、自分は「わからない」からです。
(2) おもしろくないから
　教科書に載っている問題を「ただ解く」ということばかりしているのがおもしろくないということも考えられます。これは、どちらかというと、算数が苦手な子どもというよりは、教科書に載っている問題はすぐにできるという子どもたちに多いです。

1 教師の授業観

　子どもたちが「わからない」「できない」からおもしろくないと思うのは、教師が知らず知らずの間に、「わかる」「できる」子どもを求めた授業をしているからです。算数の時間には、どうしても「わかった？」「できた？」と尋ねることが多くなってしまいます。わからない子どもは嫌な思いをするでしょう。
　教師の授業観を少し変えてみましょう。「わからない」ことは決して悪いこ

とではありません。子どもたちが「わからない」と思っているところには、算数で大切にすべき内容や概念が隠れていることが多いです。

　算数の授業は、教師が教えるのではなく、子どもたちと共に発見したり、創造したりすることが大事になります。子どもたちの拙い表現や思考を引き出したり、そのような表現や思考の中にも価値があると教師が思っていたりすることも大切です。

　教師が正解ばかりを求めていては、教室の居心地は悪くなる一方です。子どもたちに正しいことをすぐに求めるのではなく、困っている子どもたちと一緒に立ち止まり、振り返りながら、共に時間を過ごすようにします。算数の場合、わたしたちが大切にすべき子どもは、わかっている子どもたちではなく、困っている子どもたちなのです。

2　教材づくりの工夫

　教科書を開いて、そのとおりに進める授業はすぐにできるようになります。しかし、そのくり返しでは、子どもたちは算数を好きにはなりません。教科書の内容から、教師が教材づくりを楽しむと、子どもたちも授業を楽しむようになります。教材をつくるときに、意識したいことはたくさんあります。

　　・既習とのつながりがみえること　・問題に広がりがあること
　　・みえていなかったものがみえてくること　・簡単だけど奥が深いこと
　　・驚きや意外性があること　・不思議さがあること　など

　このようなことを教師も感じることができるとよいと思っています。教師がおもしろいと思ったことは、子どもたちにも伝わっていくからです。

　右に示した9つの形の共通点はなんでしょうか。ぱっと見ただけではなかなかわかりません。線対称な図形が4つ、点対称な図形が5つあります。「対称」ということが共通点のようにみえますが、この9つの形

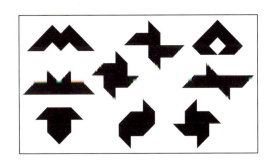

はすべて同じ形2つでできています。つまり「合同」が関係しているのです。合同な図形がみえますか。

教頭先生からの言葉

　新規採用1年目から、毎年1回は研究授業をするようにしてきました。機会を与えていただいたときには、授業がうまくなりたいという思いで、がむしゃらに取り組んでいました。2校目に異動してからも、そのスタイルは変わらず、チャレンジすることだけはがんばっていました。算数以外にも、体育、国語、情報教育など、いろいろな教科等に手を出したことで、多くの方との出会いがあり、その都度アドバイスをいただくことができ、それなりに成長することができたと思っています。

　中でもわたしに大きな影響を与えてくださったのは、2校目の教頭先生です。わたしは、「モチモチの木」について国語の研究授業をすることになりました。子どもたちの見方を変えたいという一心で、教材研究をしました。教科書に載っている表現と絵本に載っている表現にちがいがあることや、そこに著者のこだわりがあるということもわかりました。そのことに気付かせたかったわたしは、見せ方や問い方をさほど吟味しないまま、子どもたちにその絵本の表現を見せました。授業は簡単に言うと、わたしばかりが話すという、子どもが生き生きとしない授業になりました。研究協議のはじめ、授業の感想を求められたわたしは、「今日は子どもたちが緊張していて、いつものように話していませんでした」というニュアンスのことを言いました。

　次の日です。教頭先生から、A4の用紙3ページにまとまったお手紙をいただきました。その中には「本当に、子どもたちが緊張していたのでしょうか。子どもたちをそうさせてしまったのは、森本先生ではないですか？」と、わたしの授業の至らなさが書かれていました。その瞬間、すべてを子どものせいにしている自分に気付きました。情けなくなり、涙が溢れてきました。パワハラなどという言葉が出てくる前のことです。そんな上司や同僚が読者の方の学校にはいますか。わたしは、この出会いに感謝しています。

第 2 章

算数の授業準備

1 授業の準備はどうやってするの？

1 教材研究（目標・内容・方法とつながり）
2 教材研究で問いたい2つのこと
2 持続可能な取り組みを！

1 まずは教材研究（目標・内容・方法とつながり）

　授業の準備を考えたときに、「教材研究」という言葉が浮かびます。小学校の先生で、算数の問題ができないという先生はほとんどいないでしょう。しかし、先生が知っていることやできることと、それを子どもがわかり、できるようになることは別です。

　そこで、教材研究では、教師は**「何をねらいとするか」**、子どもたちは**「どんな内容を学ぶ（指導する）のか」「どうやって学ぶ（指導する）のか」**を検討します。

　また、知っていることをもとに新しい問題場面について考えていく算数科では、**「前に学習したこととどうつながっているのか」**を検討することも大切です。1時間の授業づくりや、単元の授業づくり、あるいは1年間の算数授業づくりといったさまざまなスパンで教材研究をしていきます。

2 教材研究で問いたい2つのこと

　上記で述べたことを踏まえ、教材研究で問いたいことが2つあります。
　一つ目は**「なぜこれを学ぶのか」**という問いです。その教材や内容のもつ教育的価値をとらえます。
　例えば、4年生では「およその数（概数）」について学びます。目的に応じて数を丸めることにより、生活場面で見通しを立てやすくなったり、大きな誤りをしないようにしたり、子どもの生活が豊かになるという価値があるでしょう。
　5年生では「小数×小数」の計算の意味や方法を学びます。これまでのかけ

算の意味を拡げてとらえ直し、整数の世界から小数や分数などの有理数の世界へ演算を拡げていくという、子ども自身が数学を創り出していくという価値があるでしょう。算数では、計算や処理ができるかどうかということばかりに目がいってしまうことがあります。算数で学ぶことが子どもの何を豊かにするのか、大きな視野で学習対象をとらえておくことが大切です。

　二つ目は、**「子どもはどう考えるのか」**という問いです。「この問題場面に出合った子どもは、どう反応するだろうか」「どこでどうつまずくだろうか」と、授業で表れる子どもの姿をイメージするのです。同じような教材を扱った授業でも、教師の見せ方や問い方一つで、子どもの反応はガラリと変わってきます。また、目の前の子どもが違えば、同じように教材を提示しても反応は全く異なります。実際に子どもと日々向き合っている私たちだからこそできる教材研究です。

　どちらの視点も、世の中の動きや先生方の意識によって変わってきます。これだけやれればいいというものもないので、実際に授業をして読者の先生が感じたことを記録していくといいでしょう。

3　日々続けられることから始めてみよう

　小学校では、毎日のように算数の授業があります。毎日、短い時間でできる授業準備の方法を身に付けなければ、持続可能なものにはなりません。

　日々の教材研究では、教科書・指導書を参考にすることが多いと思います。単元の学習が始まる前には、教科書の該当ページを読み、単元のねらいや主な活動の流れ、必要な教具などを把握します。ねらいに即して単元全体の流れをつかみ、子どもたちが働かせる数学的な見方・考え方を明確にしておくといいでしょう。

　1時間の授業準備では、学習活動のねらいはもちろん、「目の前の子どもたちだったら……」という目で見て、子どもはどこで困るか、時間をかけたいところはどこか、何か一工夫できないか考えます。最低限、本時で提示する問題と、予想する子どもの反応はイメージして、必要ならノートなどにメモをしておくとよいでしょう。

　また、時間があれば、学習指導要領解説 算数編を読んだり、先行実践などが書かれた書籍を読んだりすることもお勧めします。教材もたくさん開発されていますが、目の前の子どもたちに応じて選ぶことが大切です。

　本章では、教科書を活用した教材研究、板書計画、子どものつまずきを想定することや単元づくりなど、算数の授業準備について詳しく述べていきます。

② 教科書・指導書をどのように読むの?

1 教科書の内容を「網羅する」のではなく、「使う」
2 教科書どおりの展開はむしろ難しい
3 比べて読むとよりわかる

1 「教科書が終わらない」という声

　学期末や学年末になると、職員室で見出しのような声を聞くことがありませんか？　教科書に書いてあることは子どもの学習内容だから、終わらせないと教えたことにならない、そんな心の声が聞こえてきそうです。しかし、教科書・指導書はあくまで全国の小学生・教師を対象に標準化して作られているものなので、目の前の子どもたちに適合するものばかりではありません。また、子どもたちが家庭で使うことも考えられているため、基準となる学習内容だけでなく、たくさんの練習問題、学習方法も載るようになっています。

　教科書を「網羅する」という発想から、学習指導要領が定めた目標や内容を具体化した主たる教材として、教科書を「使う」という発想が大切です。自分でゼロから教材を作ることは難しいけれど、多くの研究者や実践家の英知が詰まっている教材、これを目の前の子どもに合わせてどう使うか、と考えるのです。

2 子どもの声を想定して教科書教材を眺める

　教科書・指導書の流れどおりに授業を展開しようとしても、難しく感じることがあります。例えば、教科書の登場人物やキャラクターが吹き出しでしゃべっていることが、子どもたちからなかなか出てこない、といったことや、そもそも問題場面に多くの子が考える必要感をもちにくい、あるいは算数が苦手な子たちには理解しにくい、といったことです。また、あるページは45分の授

業では収まらず、あるページは反対に時間が余ってしまうなんてことも……。それは、目の前の子どもたちに合わせて教科書を使えていないからです。

そこで、次の5つの視点で教科書・指導書を読みます。

> ①**本時のねらいは何か？**
> ・前時や前単元とどうつながっているか
> ・子どもがどのような数学的な見方・考え方を働かせるか
> ②**取り扱う問題場面や数値は子どもにあっているか？**
> ・そのまま提示すると子どもはどう反応するか
> ・子どもから引き出したい反応はどのようなものか
> ・どう見せて、どう問うか
> ③**どのような数学的表現（式や図など）を扱うか？**
> ・子どもは式に表せるか、式をどう読ませるか
> ・子どもは図に表せるか、図をどうかかせるか
> ④**子どもたちに対話を委ねられるポイント、授業の山場は？**
> ・本時でポイントとなる見方・考え方をどこで共有するか
> ・共有する手立てはあるか、どのようにしてみとるか
> ⑤**同じような見方で子どもが考えていける内容（ページ）はあるか？**
> ・同じような見方・考え方で迫れる次の学びは何か、同じ時間で扱えるか

3 教科書を比べて読む

「教科書はよく研究されて作られているから安易に数値などを変えてはいけない」と若い頃先輩に言われたことがありました。しかし現在、算数では6社が教科書を作成しており、ある時間の同じねらいでも題材や数値が異なっていたり、そもそも内容を扱う時期や順序なども異なっていたりします。教科書を比べてみると次のことがわかります。

・どの教科書も共通している題材・数値がある、指導の順番がちがう
・その教科書独自の内容、表現がある

また、年間の標準授業時数をどのように具体的な指導に振り分けているかということも異なっています。優れた教科書教材の意図を丁寧に解釈することが前提ですが、ご自身の学校、学級の子どもたちに合わせて柔軟に「使う」ことが、いかに重要かがわかると思います。

3 本時のねらいと子どものつまずきをイメージしよう

1 ねらいと評価の場面は対応させる
2 観点に即したつまずきを予想する
3 つまずきや誤答をいかす展開をイメージする

1 「わからないけれどできてしまう」ことがあることを念頭に

　算数では、子どもが意味をあまりわかっていなくても、できてしまうことが起こります。計算など、形式的に処理できるようになることは算数のよさでもありますが、その過程で既習を用いて計算の仕方を考えたり、説明したりすることができるようにすることも大切です。1時間の算数の学習で、始めは「計算の仕方を考えよう」のように展開し、計算の仕方を説明し合い、最後は計算練習をして終わるという場合があります。最後の活動で、計算ができているかどうかを評価することはできます。しかし、計算の仕方を説明することができたかどうかを、計算結果から評価することはできるのでしょうか。
　子どもたちの実態に応じて、本時のねらいと評価の場面を明らかにして授業を考える必要があります。

2 子どものつまずきや誤答を予想する

　本時のねらいが定まったら、そのための学習活動や扱う問題場面を確認します。
　例えば、4年生の小数÷整数で「商を一の位まで求め、余りの出し方を考える」場面があります。小数÷整数の筆算の仕方を学んだ後、本時では「13.6 mのテープがあります。このテープから3 mのテープは何本取れて何mあまりますか」という問題を扱うとします。わり算の筆算の学習をしているので、子どもたちが次のように筆算をし、13.6÷3＝4あまり16とすることが想定されます。
「余りを出すときには、わられる数の小数点を下ろす」のように処理できるこ

とは知識・技能の観点です。しかし、なぜそのようにしなければならないのかを判断することができなければ、わり進まなければならないときにも同じように処理する子が出てくるかもしれません。

そこで、「なぜ余りを16mとしてはいけないか、なぜ1.6mにしなければならないかを、図や式を用いて説明できるようにする」という思考力・判断力・表現力をねらいにした活動が重要になります。

一方で、わる数と余りの大きさについて説明し合うときに、「わる数とあまりの関係に着目できない」「図に表すことができない」「図や式から読み取ることができない」という子どものつまずきを予想することもできます。

扱う図を途中まで示して続きを書かせる、図の大切なところに印をつけさせるなど、手立てを考えておく必要があります。筆算の仕方をまとめた後でも、余りを正しく求められるか、余りを出す場合とわり進む場合の判断ができているか、評価の観点を明確にしておく必要があります。

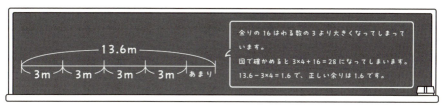

3 つまずきや誤答を引き出し、生かす

授業で扱う問題を見たとき、①多くの子がつまずく、②半数の子がつまずく、③少数の子がつまずく、のどれかが想定できます。①の場合は、学習への必要感をもたせてくれます。②や③の場合でも「できているがわかっていない」子がいることも考えると、つまずきや誤答を授業で扱うことは大きな価値があります。

間違いを素直に表現してくれる子ばかりだといいですが、そうでなければ、教師があえて間違ったことを「〜でいいよね？」と掲示するのもいいでしょう。それを受けて「いいです」という子もいれば、理由を一生懸命に伝えようとする子もいるでしょう。実はあまりよくわかっていなかったという子が現れるかもしれません。もし子どもから誤答が出た場合は、「3mが4本であまりが16mの図をかいてみよう」と、誤答を他の表現に置き換えることを促すのもいいでしょう。誤答をもとに、図に表すことについてみんなで学習する機会にもなります。つまずきや誤答を生かす教材研究をしたいです。

4 問題提示と発問を考えてみよう

1 提示を工夫する3つの意図
2 見せ方を工夫する
3 問い方を工夫する

1 問題提示を工夫する3つの意図

次の3つの意図をもって問題提示が工夫できないかを考えます。
①本時の学習への子どもの関心や意欲を高める
②学習のはじめにできる「差」を少なくする
③本時で働かせる見方・考え方を引き出す

①では子どもの好きなキャラクターを登場させるというような算数とは関係のない興味ではなく、子どもの「もっとくわしく知りたい」「〇〇だとどうなの？」という算数に関わる声を引き出します。

2 問題や教材の提示の仕方の工夫

①一瞬だけ（一部だけ）見せる

例えば、「●はいくつあるかな？」と右のような図を一瞬だけ見せ注意を引き、子どもの「もう一度見たい」という気持ちを引き出します。再度見せる前に、「少しだけしか見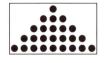
せないけれど、何に気を付けて見る？」と問えば、子どもから「●の並び方」「形」「縦にいくつあるか」などの数えるときの視点が引き出せるでしょう。また、式で表したり読んだりする学習であれば「数え方を式に表せるかな？」と問うことも考えられます。

他にも、場面の絵を一瞬だけ見せて「何をしているのかな？」と問うことで、すぐに計算の話をするのではなく、その計算が必要とされる場面のイメージを

つくってから、みんなで演算決定の話へ進むことができます。

②問題文を条件不足にしておく

　黒板に問題文を書いて試写させる際にも、「先生と一緒に書き終わろう」と声をかけて、全員がそろってスタートできるように、あえてゆっくり書きます。さらに、そのまま問題文を提示すると子どもたちの中に差が大きくできそうな場合には、数値や文を□にして条件不足で提示します。このままでは考えることはできません。「□に入る数がいくつだったらすぐにわかるかな？」と投げかけることで、未習と既習の境を意識させ、みんながわかることから取り組めるようにすることもできます。

③選択肢をつくる

　自分の考えがもちにくい子や間違えることへの抵抗感が大きい子がいる場合には、取り組む問題を選べるように複数提示したり、答えに選択肢を設けて提示したりすることも考えられます。その際、「どれが簡単に求められますか」と問うたり、「周りの子はどれを選んだと思う？」と、友達の考えを予想させたりすることもできます。

次の三角形の面積を求めます。
どれが簡単に求められそうですか。

　選ぶことは簡単ですが、必ず判断が伴います。「どうして①を選んだの？」と問い返すことで、「直角三角形は長方形の半分の大きさだと思うから」のような見方を引き出すことができます。

3　問い方で子どもの学習へ向かう姿勢を変える

　2の問題提示でも、「何に気を付けて見る？」と問うたり、「どれが簡単？」と問うています。このように問い方を工夫すると、いつも正答を求めなければならないと思っている子が、素直に思考できるようになってきます。わかったことを尋ねるよりも、難しいところを尋ねる方が、本時のねらいに迫れることがあります。

　本時のねらいと子どもの実態に応じて、提示の仕方や発問を計画するといいでしょう。

提示の仕方	発問
・教科書そのまま	・見るところを問う
・一瞬だけ見せる	・「簡単」を問う
・順に見せる	・「難しい」を問う
・条件不足にする	・間違いを問う
・選択肢にする	・「同じ」を問う
・ゲーム化する	・「ちがう」を問う
・問題づくりにする　　など	・予想を問う　　　　など

板書はどうする?

1 あくまで「計画」、レイアウトに余白をつくる
2 引き出したい見方・考え方をもつ

1 板書の計画に、実際の子どもの反応を想定した余白をつくる

　1時間の授業を構想するときに、同時に板書計画をすることをお勧めします。本時で扱う問題場面や、想定される子どもたちの考えをメモしておくのですが、特に引き出したい子どもの発言をイメージします。

　Aのような板書はよく見る形です。おおよそどこに何を書くかをイメージしておき、実際の授業では子どもの考えを板書の中心に据えます。

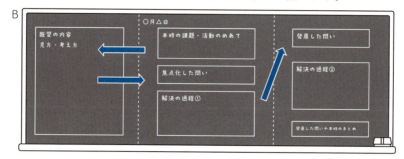

　Bのように、中心に本時の課題を、左に既習を振り返るところ、右に発展した問題を扱う、と想定しておくこともあります。他にも、子どもの問いと解決

が連続していく場合には、左から右へ追究の跡を残すイメージで計画を立てます。

対比する場合にはCのように左右に分けて、子どもが見いだしたこと（共通点や相違点）を書く場所を決めておきます。

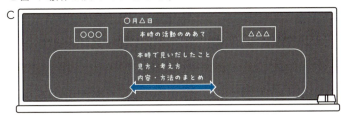

板書にはさまざまなレイアウトがあり、A～Cは一例。ねらいや活動に即して計画しつつ子どもの反応に応じて展開できる余白を用意しておくことも必要です。

2 見方・考え方をふきだしにかいて価値付けるために

板書計画をしながら、どの段階でどのように子どもが反応するかを予想し、ふきだしで書いておくことをお勧めします。むしろ、引き出したい言葉があり、それが展開の中で表れるか、板書をイメージしながら授業を構想するのです。

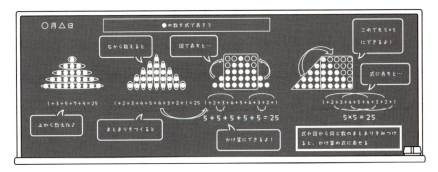

上のように板書計画した実際の授業では、「かけ算の式にも表せるよ」「●を動かすとわかるよ」といった発言が出たとき、大切な見方・考え方として取り上げ、板書に位置付けることができます。また、そのような発言を引き出すために、「たし算の計算がもっと簡単にできないかな？」「5×5が見えるかな？」といった問いかけを用意しておくことができます。

板書には、本時の課題や、子どもの考えた式や図などの他に、子どもが話した言葉を書くことも大切にしたいです。なぜなら、板書に書くことによって、子どもの発言を価値付けることになるからです。子どものどのような発言を価値付けるかということも、教材研究で考えたいことの一つです。

6 単元の計画をどう立てる?

1 単元で働かせる見方・考え方を言語化しよう
2 単元の導入を考えよう
3 単元の終末の活動を設定しよう

1 数学的な見方・考え方の成長を描く

単元とは、子どもの学習過程における一連の「まとまり」を意味します。算数の単元計画の際、多くは教科書・指導書を参考にされると思います。教科書では、学習指導要領に示されている指導内容のまとまりごとに単元が作られています。

単元の計画を立てる際に、「どのような内容を学習するか」に着目することが多いと思いますが、「どのような数学的な見方・考え方を働かせるか」ということに着目するとよいです。例えば、数の構成や表記についての学習では、1年生では十のまとまりに着目して数えたり表したりしますが、学年が上がると、十や百、千のまとまりに着目するようになり、0.1がいくつかあるということにも着目するようになります。図形の学習では、2年生で直角や直線に着目しますが、3年生では等しい長さ、4年生では直線の位置関係(垂直、平行)に着目して、図形を構成したり弁別したりすることができるようになります。

単元の前から本単元、そして後の学習にどうつながっていくかを、数学的な見方・考え方の成長としてとらえ、本単元の活動の中で子どもたちが働かせた見方・考え方を、教師が価値付けていけるようにします。

2 単元の導入を考えよう

単元の導入は、子どもたちが新しい学習対象と出合う時間となります。子どもたちが、日常の場面から、数や図形、量、データなどに着目して問題を見いだせるようにします。その際、単元で働かせる数学的な見方・考え方を引き出

すために、どのような場面に出合わせるかを考えます。

例えば、3年生「円と球」では、「図形の等しい長さに着目して、筋道立てて考える」という見方・考え方を働かせるととらえ、単元の導入で、あえて

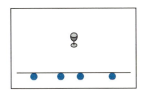

右図のような不平等な玉入れの場面に出合わせました。子どもたちがかごからの距離がちがうことに言及し、人がどのように並べばよいかを、等しい長さに着目して考えていくだろうと思ったからです。そして、単元の展開部分では、導入で働かせた見方・考え方を意識しながら円を構成したり、球と関連付けしたりして、活動を展開していくように計画します。

このように、単元導入では、子どもたちが感覚を揺さぶられたり、困ったりする場面に出合わせ、見方・考え方を引き出すようにします。同じ内容単元でも、各教科書が導入で扱っている活動は多様なので、読み比べてみるとよいです。

3 単元の終末の活動を設定する

単元の終末に、どのような学習活動を設定するのかも考えておきます。大まかに、「習熟・まとめ」パターンか、「発展・オープンエンド」パターンか、単元の学習によって考えます。

①「習熟・まとめ」パターン

学習したことを使って算数の問題を解いたり、学習した問題を解き直したり、または見方・考え方を振り返って意味付けたりします。ノートを使ってまとめてもよいですが、絵本にしたり、レポートとしてまとめたり、振り返りシートに記入したり、さまざまに考えられます。どのような活動が単元の学びの総括に効果的かを考えます。

②「発展、オープンエンド」パターン

単元で働かせた見方・考え方を使って発展的な問題に挑戦したり、個人で問題を作って追究したり、作品作りに取り組んだりします。先述の3年生の「円と球」の単元の終末では、円を使った模様づくりの活動などが考えられます。個人で楽しんでかきながら、コンパスで作図する技能の習熟になります。

①と②はあくまで大まかなイメージですので厳密に区別する必要はありません。大切なことは、どちらの場合も、子どもが数学的な見方・考え方を意識して活動できるように活動を設定し、教師が働きかけることです。

7 学習指導要領解説を読んでみよう

1 解説は授業づくりの指針であり辞書
2 第2章で指導内容のオーバービューをつかむ
3 目標や内容のつながりを読む

1 分厚い解説、読んだことがありますか?

　読者の先生方は、小学校学習指導要領（平成29年度告示）解説 算数編（以下「解説」）をお読みになったことはあるでしょうか。学校で使用している教科書は、学習指導要領及び解説をもとに編集され、目標・内容・方法が具体化されたものです。この解説のPDFは文部科学省のWebサイトでダウンロードすることができますが、400ページを超え、書籍を手に持つとかなり分厚いものになっています。

　分厚いということは、それだけ「どのように学ぶか」を重視した結果ととらえられますが、丁寧に書いてあるため、授業づくりの指針というだけでなく、辞書のようにも活用することができます。具体化した教材としての教科書を使った教材研究を超えて、どのような資質・能力を育成するかという観点で教材研究をするならば、解説は必読といえるでしょう。

2 まずは目標と内容の骨子を読む

　解説は第1章から第4章まであります。第3章に各学年の目標及び内容が書かれているので、自分の担当する学年のページをご覧になる人は多いでしょう。しかし、第2章「算数科の目標及び内容」には非常に大切なことが端的に書かれているので、まずはここを読んでみることをお勧めします。

　第2章第1節の「算数科の目標」では、育成を目指す資質・能力の三つの柱について詳しく解説がなされています。「統合的・発展的に考察する力」などの文言は50年ぶりに採用されたものですが、数学的に考える資質・能力の中心

を担っていることがわかります。このような目標については、A「統合的に考察することは、……」、B「発展的に考察することは……」と解説されていますが、文言を追うことにとどまらず、ぜひ自身でかみ砕いてA「同じものを見つけてまとめようとすることだな」、B「だったら……、と新しい問題を作ろうとすることだな」のように、子どもの具体的な姿で思い浮かべて読みましょう。

第2章第2節の「算数科の内容」を読むと、算数科の内容・領域が発達段階に応じて端的に整理されています（特に「小学校算数科の内容の骨子」参照）。さらに、各領域の構成や内容の概観を読むと、指導する側も一見別々に思われたものが、整理されていることがよくわかります。例えば、平成29年度告示の学習指導要領では、5年生で学習する割合も「C変化と関係」領域に位置付けられており、かけ算やわり算の背景にある比例の学習と統合し、関数の考えを伸ばすという指導意図が込められていることがわかります。すると、割合の公式を覚えるのが大切なのではなく、「比例の関係が成り立つ二つの数量をとらえることが大切なのだな」「だとしたら2年生のかけ算も大切だな」と理解することができます。また、これまで「量と測定」領域に位置付けられていた角・図形の計量（面積・体積）が「図形」領域に位置付けられています。つまり、単に面積などを計算で求められることを目指すのではなく、図形の構成要素などに目をつけて、図形の性質について考えられるようにすることを目指していることがわかります。

それぞれの領域の学習が、どのように系統立てられているかを読み取ることができるとともに、領域間のつながりも見えてきます。これらを踏まえることで、目の前の子どもたちに、今どのような学習指導が必要かが見えてきます。

3 学習指導要領の意図がわかるようになると

始めは教科書ベースの授業だったとしても、教材研究の方法が変わってくると、解説の趣旨を踏まえ、本当に目の前の子どもたちに応じた教育実践へつなげることができます。ある程度指導方法の制限があるとはいえ、指導時期や順序、扱う教材などはフリーなのですから。あえて教科書単元の後ろにある活用問題から導入してみたり、次学年の教材をアレンジしたり、他教科の内容と関連させてみたり、教科書では意図して分けてある似たような学習内容を束ねてみたり、反対に分けてみたり……。教師も挑戦を続けていくことが、求められているのです。

授業を通して子どもを
探り続ける

　教科としての教材研究をすればするほど、教師はわかっている立場で授業を進めることになります。頭の中に勝手に授業のストーリができてしまっているときもあります。だから、初めて学習対象と出合う子どもがどのように考えるか、今どのように考えているか、といった一番大切なところに向き合えないときがあります。

　私は立場上、多くの教育実習生を受けもつ機会に恵まれました。彼らから学んだことはたくさんあります。一生懸命に子どもたちと関わり、教材研究に取り組んでくれましたが、子どもたちと授業した後、自分の思っていた授業ができずに泣き出した学生もいました。その学生は、授業中に子どもをみる余裕がなかったのだと反省していましたが、私は大丈夫だよと励まし、「私もいまだに子どもの声を聴けていないと反省ばかりだよ」と伝えました。

　私は、授業中に「今子どもたちはどうしたいのか？」と子どもの気持ちになって考えてみるように努めています。あらかじめ授業で問うことを決めていたとしても、ひょっとしたら子どもの問いたいこととズレているのではないかと考え、はたと立ち止まってみるのです。時には、「今どんなこと考えてる？」とストレートに聞いているときがあります。「なるほど、こんな場面で困るのだな」「へえ、そういうふうに考えを進めるんだ」と、新たな発見があります。子どもを探り続けることが、私たち現場の教師にできる研究だと思っています。

　今回、算数の授業準備について色々と書かせていただきました。授業の準備は時間をかければよいというものでもないですし、授業を振り返ることの方に授業改善のヒントはたくさんあるものです。それでも、教材研究が大切だ、子どもを通した教材研究に終わりはない、と強く言いたいです。子どもを完全に理解することはできないからです。子どもを探り続ける、それを愉しめる教師でありたいです。

第 3 章

算数の
授業づくり

1 1時間の授業構成を考えよう

1. 導入場面では「問い」や「思い」を引き出そう
2. 展開場面では見方・考え方を働かせる「活動」を設定しよう
3. 終末場面では「学習過程」の振り返りを設定しよう

　1時間の授業は大きく分けて「導入」「展開」「終末」の3つの場面に分けて考えることができます。オーソドックスな授業構成としては、次のようなものが考えられます。

　以下では、それぞれの場面においてどのようなことを意識して1時間の授業構成をしていくべきかを、具体的に見ていきます。

1 導入場面では子どもたちの「問い」や「思い」を引き出そう

　子ども主体の授業を行いたいと考えるなら、導入場面では、子どもたちから「不思議だな」「なぜだろう」というような「問い」や、「やってみたい」「もっと続けたい」というような「思い」を引き出すことが大切です。「分数のたし算」において次のような問題場面を提示した場合、子どもたちからどのような「問い」や「思い」を引き出すことができるでしょうか。

> $\frac{3}{5}$ L入ったパックのジュースと $\frac{1}{5}$ L入ったパックのジュースを1つの入れ物に入れ替えると、何Lになるでしょう。

　ここで、いきなり「分数のたし算は、分母はそのままにして分子同士を足せばいいんですよ」などと説明してしまってはもったいないです。まずは子どもたちの素朴な考えを聞きましょう。きっと、$\frac{3}{5} + \frac{1}{5} = \frac{4}{10}$ と考える子どもがいるはずです。この考えを図で表すと次のようになります。

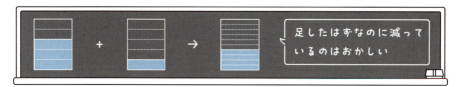

　このとき、子どもたちは「足したのに減っているのはおかしい」「どうして間違ったんだろう」「正しい方法を調べたい」というような「問い」や「思い」が表出し、課題が明確化され、子どもたちの主体性が高まります。

2 展開場面では見方・考え方を働かせる「活動」を設定しよう

　展開場面でも、「教師が説明し、問題を解かせる」ということはしません。子どもたち自身で問題に取り組み、解法を見いだしていけるようにします。そのときに大切なのが、第1章で出てきた「数学的な見方・考え方」を働かせることです。例えば「分数のたし算」の授業では、「$\frac{3}{5}+\frac{1}{5}$の計算の仕方を図を使って説明する」という活動を設定してみます。すると、子どもたちは次のような図を用いて説明することが考えられます。

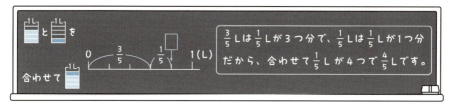

　このように、図を用いることで、$\frac{3}{5}$Lや$\frac{1}{5}$Lを「$\frac{1}{5}$Lのいくつ分」として見ていること（単位量の考え方を用いていること）を視覚的に表現し、図と言葉をつなげることで計算方法を見いだしていくことができるはずです。

3 終末場面では「学習過程」の振り返りを設定しよう

　授業の終末場面では、その時間で学んだことをまとめることが必要です。そのときのポイントは、「結果」を振り返るのではなく、「過程」を振り返ることです。なぜなら、「分数のたし算は、分母はそのままにして分子同士を足せばよい」という結果を示しただけでは、授業内で働かせた見方・考え方を子どもが自覚することができないからです。「1時間の学びを日記風に書かせる」、「自らの変容が表れるような視点を与えて振り返らせる」など、子どもが働かせた見方・考え方を言語化し、自覚化させる振り返りを設定するようにしましょう。

2 「数と計算」の授業づくり

1 数の相対的な大きさの見方で計算方法につながりをつくる
2 十進位取り記数法を意識して数をとらえる
3 苦手な子が多い分数の計算も既習の内容とつなげることで意味を理解する

1 「ある数のいくつ分」でとらえた数の見方でつなげよう

　数と計算領域では、「整数、小数、分数」などの数と「たし算、ひき算、かけ算、わり算」などの計算について学習していきます。算数の授業全般にいえることではありますが、特に数と計算領域の授業は、授業同士のつながりを意識してつくるべきです。

　例えば、小数のたし算の授業を考えてみましょう。次のような問題場面が示されたとします。

> プレゼントを包装するのに赤いリボンを4.8 mと青いリボンを3.7 m使いました。合わせて何mのリボンを使いましたか。

　立式は簡単にできると思われます。

　　式　4.8 + 3.7 =

ですので、どのように計算して答えを求めるのかがこの授業の中心になります。この計算方法の基本は、4.8を0.1の48個分、3.7を0.1の37個分と見ることです。それによって、48 + 37 = 81という計算をすることで0.1の81個分である8.1を求めることができます。このような「数の相対的な大きさ」の見方を用いて計算することは第1学年で「20 + 30」を計算するときに、10の2個分と10の3個分として見て、10の5個分として計算する際に既に経験済みです。このように、「数の相対的な大きさ」の見方を用いると、さまざまな計算を「同じもの」として見ることができます。前の学習で働かせた見方・考え方を想起させながら、計算の学習をつなげていきましょう。

2 十進位取り記数法でつなげよう

　十進位取り記数法で学習をつないでいくことも、数と計算領域における重要な見方・考え方です。第1学年で10以上の数を扱うときや、繰り上がり・繰り下がりのあるたし算・ひき算を扱うときなどは、十進位取り記数法の原理を理解させる必要があります。その際、「位取り表」とおはじきを用いて下図のような操作を行うことで、視覚的・操作的に理解を深めることが有効です。

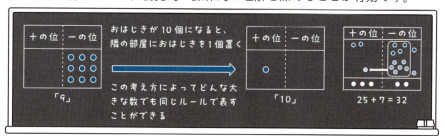

　このような学習を丁寧に行うことは、この時間の学習の理解を深めることだけでなく、「12.45＋4.7」などの計算を考える際にも影響します。筆算で計算しようとする際、子どもたちは整数の場合と同じように右端にそろえてしまいます。このときに、図を使うなどして、右端をそろえているのではなく、「位をそろえている」ということを強調し、改めて「十進位取り記数法」という視点で整数の場合と統合し、小数点をそろえる意味を理解させることが重要です。

3 分数でもつなげよう

　異分母分数のたし算・ひき算でも、「小数の時と同じように、1つ分の基準を合わせればよい」と考えることができれば、通分する意味がより理解できます。

$$0.3+0.4=0.7$$
0.1が3つと0.1が4つ

同じ考え方

$$\frac{1}{3}+\frac{1}{2}=\frac{2}{6}+\frac{3}{6}=\frac{5}{6}$$
$\frac{1}{6}$が2つと$\frac{1}{6}$が3つ

　また、分数のわり算の計算の仕方を考える際には、わり算のきまりを使うことも考えられます。このように、既習の学習内容とのつながりを意識させることで理解が深まります。

$$1.2\div0.3=(1.2\times10)\div(0.3\times10)=12\div3 \xrightarrow{\text{同じ考え方}} \frac{2}{5}\div\frac{3}{4}=\left(\frac{2}{5}\times\frac{4}{3}\right)\div\left(\frac{3}{4}\times\frac{4}{3}\right)=\frac{2}{5}\times\frac{4}{3}$$

「図形」の授業づくり

1 図形の授業づくりの基本は、「図形を構成する要素及びそれらの位置関係」に着目すること
2 合同な図形と拡大図・縮図をつなげて考えよう
3 「長さ」と「広さ」に気をつけて面積を指導しよう

1 図形を構成する要素及びそれらの位置関係に着目して仲間分けしよう

　図形領域の授業を考える上で大切なこととして「図形を構成する要素及びそれらの位置関係」に着目させることが挙げられます。「図形を構成する要素」とは、頂点、辺、角などのことをいい、「それらの位置関係」とは、平行や垂直などのことをいいます。例えば、下のような図形を提示した場合、子どもたちはどのように仲間分けするでしょうか。

　２年生なら、「辺の数」や「直角の有無」に着目して三角形と四角形に仲間分けすることが求められます。例えば㋐の図形は「とがっている部分」が３カ所あることから三角形と判断する子どもがいます。しかし、構成要素としての「辺」に着目することで、直線ではない部分があるから三角形ではないと判断できるようにします。また、㋒の四角形は「すべての角が直角」なので長方形となります。この時、図形の判断には置いてある場所や向きは関係ないことを確認することも大切です。例えば㋓の四角形を正方形と判断できて欲しいですし、その理由を問い、答えさせることも大切です。
　３年生なら、「辺の長さ」に着目して仲間分けできるようにします。つまり、㋑は三角形の中でも「等しい長さの辺」が２つあるので二等辺三角形と判断できるようになって欲しいのです。

4年生なら、平行や垂直といった「図形の構成要素間の位置関係」に着目して仲間分けします。例えば㋐は台形になります。ここでも置かれている場所や向きは関係ないということが大切ですので、色々な形の平行四辺形やひし形や台形を示したり、作図させたりすることが大切です。意外と㋞のような四角形を台形と判断する子どももいるので、そう判断した理由を問う必要があります。

2 図形間の関係に着目しよう

5年生や6年生では、「図形間の関係」に着目することで、「合同な図形」や「拡大図・縮図」について学習します。

合同な図形とは、「ぴったり重なる図形」のことをいいます。従って、色々な図形を実際に重ねる活動を通して「対応する辺の長さが等しい」ことや「対応する角の大きさが等しい」ことなど、合同な図形の性質について実感を伴いながら見いださせることが大切です。

6年生では拡大図と縮図について学習します。このとき、合同な図形の学習で作図の仕方について考えた経験が拡大図や縮図の作図の仕方を考えることに生かされるはずです。合同な図形と「同じところ」と「違うところ」を比べることを通して、拡大図・縮図についての理解が深まると考えられます。

3 面積や体積について考えよう

図形の面積や体積についての学習でも、「図形を構成する要素及びそれらの位置関係」に着目させることが大切です。例えば、長方形の面積は「縦の長さ×横の長さ」で求めることができますし、三角形の面積は「底辺×高さ÷2」で求めることができます。このように、「長さ」と「広さ」は密接に関わっています。では、下図のような場合、面積もAの方が広いといえるでしょうか。

A（周りの長さ 20 cm） B（周りの長さ 16 cm）

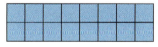

マス目を数えれば明白ですが、AとBの面積は等しくなります。このような教材を使うことで、「長さ」と「広さ」は別の概念だということを明確にしたり、公式の意味を視覚的・操作的に理解させたりしていくことが大切です。

4 「測定」の授業づくり

1 「直接比較」は示し方が大切
2 「間接比較」は直接比較できない状況を示す
3 「任意単位による測定」はもとにする量をそろえる
4 「普遍単位による測定」は単位の量感をとらえさせる

　測定の授業には、共通した「比べ方・測り方」があります。すなわち、「直接比較」「間接比較」「任意単位による測定」「普遍単位による測定」です。例として、「長さ」の授業づくりを挙げていますが、「かさ」「重さ」「広さ」でも同様の「比べ方・測り方」が基本となります。

1 「直接比較」は示し方が大切

　直接比較とは、下図のように㋐と㋑の長さを直接比べる比較方法です。左図のような状態では長さを比べることはできないので、右図のように端を揃えて比べなければならないことに気付かせます。

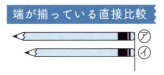

2 「間接比較」は直接比較できない状況を示す

　間接比較とは、直接比較をすることができない長さを比べるときに使う比較方法です。例えば、教師の机を教室から出したいときに、教師の机の幅が出入

り口の幅よりも短い必要があります。その確認のために、縄跳びの縄やほうきの柄等を使って長さを間接的に比べる方法です。

3 「任意単位による測定」はもとにする量をそろえる

任意単位による測定とは、あるものを単位としてそのいくつ分かで測る方法です。直接比較や間接比較では、「どちらが長いのか」を比べることができましたが、任意単位を使えば、「どちらがどれだけ長いか」を数値で示すことができます。その際、筆箱の中の鉛筆を並べてみることも考えられますが、同じ長さのものを使う必要があることを感じさせることが大切です（下図）。例えば、数え棒、おはじき、数図ブロックなど同じ長さや重さのものが複数あるものを使うとよいでしょう。このような、もとになる量を揃えてそのいくつ分で考えることは、割合などの学習にも生かされる大切な考え方です。

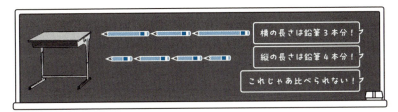

4 「普遍単位による測定」は単位の量感をとらえさせる

普遍単位による測定とは、cmやmなどの単位によって測定する方法です。任意単位による測定での経験と比較することで、普遍単位による測定の便利さを実感させることが大切です。また、3年生では単位の関係を統合的に考察します。子どもがイメージしやすい物とつなぎ、量感をとらえさせる活動を設定することで、正確に単位を換算できるようにしていきます。また、単位の関係について考察し、共通する関係を見いださせることは、今後の学習や生活で新しい単位に出合ったときにも類推して量の大きさをとらえることにつながります。

5 「変化と関係」の授業づくり

1　2量の関係を式や図で表し、相互に関連付ける
2　比例は表から特徴を読み取り、関係を捉える
3　単位量あたりの大きさはよさを感じる状況を工夫する
4　割合は図で表すことで意味を理解させる

1 関数の考えを用いた問題解決

　例えば下図のように、マッチ棒で正方形を作る場合に、正方形の数とマッチ棒の数にはどのような関係が成り立つのかを考えたり、それを式で表したりする活動が考えられます。その際、2量の関係を表で表したり、見いだした規則性を図を使って説明させたりし、相互に関連付けることが大切です。

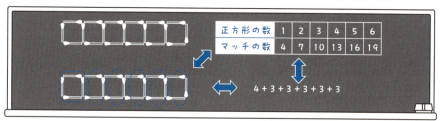

2 比例

　比例の学習では、2量の関係を表で表し、その表からわかることを読み取る活動を必ず設定します。その活動の中で、一方が2倍、3倍、4倍……と変化するとき、もう一方も2倍、3倍、4倍……と変化することを見いだし、比例を定義づけます。その際、1からの2倍、3倍、4倍……を調べるだけでなく、2や3など、どこからでも同様な関係になっていることや、逆にみると÷2や÷3になっていること

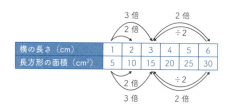

も理解させることが大切です。5年生では、簡単な比例について触れ、第6学年では、比例の関係の意味や性質についての考察、比例関係を用いた問題解決、反比例などについて学習します。

3 単位量あたりの大きさ

5年生では、混み具合や速さなど、異種の二つの量の割合としてとらえられる数量について学習します。この数量の比べ方や表し方を考える際、大切になるのが「単位量当たりの大きさ」です。例えば、混み具合は、「人数」と「広さ」という異種の二量の割合であり、「1人分の広さ（またはその逆）」で表し、比較することができます。「単位量当たりの大きさ」の考え方を用いれば、三つ以上のものを比べたり、いつでも比べることができるようになったりして便利だということを感得させることが大切です。

> どの部屋が一番混んでいますか？
> 　　6畳に4人　　8畳に5人　　10畳に6人　←　公倍数で考えようとすると面倒くさい
> 　　　　　　　　　↓
> 　　1畳に約0.67人　1畳に約0.63人　1畳に0.6人　←　「1畳当たり」が大きい方が混んでいる

4 割合

同じ種類の二つの数量の関係を表すときに、一方の数量Bを基準量としたときに、もう一方の数量A（比較量）がどれだけに相当するかをA÷Bの商で表したものを「割合」といいます。例えば、種類の違う2種類の亀㋐と㋑がいて、㋐は120g→150gに成長し、㋑は300g→330gに成長したとします。どちらも30g成長しているから同じだけ成長したとみるのは「差」で比べています。一方で、㋐は150÷120＝1.25、㋑は330÷300＝1.1となり、㋐の方が成長したとみるのは、「割合」で比べているということになります。また、下の例のように、図で表し、割合の意味を理解したり、立式につなげたりすることも大切です。くれぐれも、言葉の式を丸暗記するような指導にはならないようにしましょう。

> 全校で借りられた本は200冊で、5年生が借りた本は70冊でした。5年生が借りた本は、全体の何倍に当たりますか。

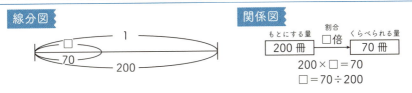

6 「データの活用」の授業づくり

1. 目的意識を明確にして、表やグラフで表すよさが実感できる授業にする
2. 目的に合わせて適切なグラフを選択できるようにする
3. PPDACサイクルを2周・3周回すことで、統計的な問題解決の方法を学びとる

1 表で表そう

　表で表すよさは、データが整理されることや、数値で表すことができることです。例えば、好きな遊びについてアンケートをとった際、表で表せば一目で結果がわかります。

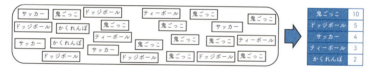

2 グラフで表そう

グラフで表す目的を明確にする

　グラフの授業を子どもたちにとって主体的なものとするためには、子どもたちの「グラフで表したい」「グラフで表さなければ」という思いを引き出すことが大切です。その際、「データを整理するためにグラフで表そう」という目的意識であれば、表で表した方が数値化されていてよく整理することができます。グラフのよさは、データの集計結果が一目で見て視覚的にわかることであり、それによってデータの特徴が印象づけられることにあります。そのため、「図書の貸し出し冊数を伸ばすためにポスターにグラフを載せる」「感染症予防を呼びかけるために保健便りにグラフを載せる」など、自分たちの問題を解決する為に発信するという目的を明確にもたせることが大切です。グラフを読むことやかくこと自体が授業の目的にならないようにしましょう。

適切な目盛りで表す

　下の2つのグラフを見比べてみましょう。㋐のグラフよりも㋑のグラフの方が差がはっきりとわかります。このように、自分が発信したいことを明確に示すために目盛りや表示を適切に選択することも大切です。

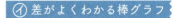

適切なグラフを選択する

　グラフには色々な種類のものがあります。一概に用途が決められているわけではありませんが、例えば、棒グラフは数量の差を明確に表したいときによく用いられますし、円グラフや帯グラフは割合を表したいときに用いられます。また、折れ線グラフは連続的な変化を表したいときに用いられ、柱状グラフ（ヒストグラム）はデータの区間ごとの分布を表したいときに用いられます。自分の目的に合ったグラフを選択して活用する力を育むことが大切です。

3　PPDACサイクルを回そう

　データの活用において子どもたちが学ぶべき問題解決の方法として、「問題－計画－データ－分析－結論」という五つの段階を経て問題解決する「統計的な問題解決（PPDACサイクル）」と呼ばれるものがあります。単元を通してこのPPDACサイクルを意識して自分たちで資料を集めたり、表やグラフで表現したりすることで問題解決を行う活動を設定することが大切です。また、サイクルを1周したら、2周目、3周目と連続的に問題解決を進めて行くことや、データの収集が不十分であれば、Dの過程に戻って収集し直すなど行ったり来たりすることも大切です。

7 単元導入の授業をつくろう

1 本質的な関心や意欲を高める教材の「見せ方」「問い方」を工夫する
2 比例ではない関係を見せることで比例を際立たせる
3 「角」に着目したくなる活動を設定する

1 単元導入の授業づくりのポイント

　単元の導入では、子どもたちの関心や意欲を高める教材の工夫が必要です。その際、関心や意欲が向けられている対象がその単元の学習内容と直結するものであった方がよいでしょう。また、これまで学習してきた単元や学習内容とのつながりを意識した教材研究も有効です。これまでの学びを想起させることで、どのような見方・考え方を働かせてきたかを振り返ることができます。それにより、本単元において自覚的に見方・考え方を働かせる姿につながるでしょうし、本単元における学びの見通しをもつことにもつながります。

2 「比例」の導入

　では実際にどのような授業が考えられるのか例を示していきます。まずは、第5学年「比例」の単元の導入です。次の2つの問題を示します。

① クッキーが一箱200円で売られています。クッキーの個数と代金の変わり方を表しましょう。

② みほさんは、1年生の時120cmでした。2年生の時は124cmでした。3年生の時は、130cmでした。4年生の時は、135cmでした。5年生以降の身長の変わり方を表しましょう。

①は左下の表で変化の様子を表すことができますが、②は5年生以降の変

①
クッキーの数（個）	1	2	3	4	5	6	…
代金（円）	200	400	600	800	1000	1200	…

②
学年（年）	1	2	3	4	5	6	…
身長（cm）	120	124	130	135	?	?	…

化を表で表すことはできません。

　教師が「どうして表せないのですか？」と問うと、子どもたちは「②はこの先どうなるかわからない」「①にはきまりがあるけど②にはきまりがない」「②は増え方が一定ではない」など関数と関数でないものを分ける発言が出ると予想されます。その後、①についてどのようなきまりがあるのかを問い返すことで、「クッキーの個数が2倍、3倍…になったとき、代金も2倍、3倍…になっている」という発言から①のような2量の関係を「比例」ということを確認します。適用題として次のような問題を示すことも考えられます。

　③　りかさんはお兄さんと3才違いです。りかさんとお兄さんの年齢の変わり方を表しましょう。お兄さんの年齢はりかさんの年齢に比例していますか。

　比例の学習だからといって、比例の関係ばかりを扱うのではなく、比例ではない関係を扱うことで、比例についての理解がより深まります。

3　「図形と角」の導入

　次に、第5学年「図形と角」の単元導入の授業づくりについて考えてみましょう。授業の導入では、下のような敷き詰め模様を紹介し、このような敷き詰め模様を自分たちで作ってみようと投げかけます。

　子どもたちは、「やってみたい」という思いとともに、「どんな図形が敷き詰まっているのだろう」という問いを抱くと予想されます。敷き詰まっている図形を見つけさせると、正方形や二等辺三角形など既習の図形を模様の中に見いだします。そこで、「次のような図形は敷き詰め模様に使えそうか」と問います。

　子どもたちは、㋐、㋒、㋓は敷き詰まり、㋑や㋔は敷き詰まらないと予想しがちです。しかし、実際敷き詰めてみると、㋐は敷き詰まらず、㋑や㋔は敷き詰まります。次時以降は「自分だけの敷き詰め模様を作る」という目的を達成するために、敷き詰まる理由（敷き詰まらない理由）を探究する中で、三角形の内角の和は180°や四角形の内角の和は360°など図形の角に焦点化してその理解を深めていく単元を構成することができるでしょう。

8 計算練習の授業をつくろう

1 パターンを潜ませ、主体的な活動にする
2 問題づくりを取り入れて、創造的な活動にする
3 見通しをもたせて粘り強く取り組める活動にする

　算数の学習において計算技能を高めることは大切です。そのためには、計算練習が欠かせませんが、単純なドリル学習では子どもたちのモチベーションは保てません。また、思考力等の育成も望めません。そこで、計算練習についての授業を工夫するために、いくつかのアイディアをご紹介します。

1 ぞろ目になるかけ算で計算練習

　第３学年でかけ算の筆算を学習します。その学習の後半で、「かけ算の筆算ができるようになったかを確認するよ」と伝え、㋐のような式を示します。すると、答えが777になって、「ぞろ目だ！」「すごい！」「ラッキー！」などの声が聞かれます。そこで続けて、㋑や㋒の筆算に取り組ませます。すると、答えが666、444となり、子どもたちは「何かありそうだぞ」と問いを抱きます。そこで、「このようなぞろ目になるかけ算を他にもつくることができるかな？」と問いかけると、ぞろ目になるかけ算を作るために、かけ算の筆算を何度も繰り返し、無意識に計算練習をしながら問題を解決することでしょう。

㋐　37　　㋑　37　　㋒　37
　　×21　　　×18　　　×12

2 つながりのあるたし算・ひき算で計算練習

　繰り上がりや桁数などの配慮はありますが、一般的にドリル学習は、ランダムな数を使って行われます。それはそれで色々な計算に取り組むことができるというメリットはありますが、次のような計算練習に取り組ませてみるとどうでしょうか。

㋔		㋕	
	21＋13＝		31－15＝
	22＋14＝		32－16＝
	23＋15＝		33－17＝
	24＋16＝		34－18＝
	25＋17＝		35－19＝

> 何か気付くことは
> ありますか？

　㋔の計算結果は、上から順に 2 ずつ増えます。その理由について、㋔は被加数も加数もどちらも 1 ずつ増えていることと関連付けて説明させると、加法の構造に目を向けさせることができます。また、㋕も同じように被減数と減数が 1 ずつ増えていますが、結果は加法の場合と違い、すべて答えは16になります。その理由を説明させると、減法の仕組みに目を向けさせることができるとともに、加法と減法の構造の違いについても理解を深めることができるでしょう。その際、おはじきなどを使って、操作と結びつけて説明させることも大切です。

　また、子どもたちにこのような式のまとまりを作らせてみることも有意義な活動となります。さらに、乗法の場合、除法の場合にこのようなまとまりの計算を作るとどのようになるでしょうか。ぜひ試してみてください。

3　循環するわり算で計算練習

　わり算の計算練習ができる授業についても紹介します。例えば次のような問題を提示します。「2÷11の商の小数第20位の数は何でしょう」

　子どもたちは「20位!?」と驚くかもしれませんが、右に示すように、「0.1818……」と続きますので、偶数である第20位の数は 8 だということがわかります。同じように、「1÷37」「1÷7」について小数第20位の数を問うと、「何かきまりがあるはずだ」と思いながら粘り強く計算を進めるはずです。

　これらの問題を解決した後は、「このような問題を自分で作ってみましょう」と投げかけると、試行錯誤しながらたくさんの計算練習を無意識にすることになるでしょう。

第3章　算数の授業づくり

既習を生かした発展的な授業をつくろう

1 四角形の内角の和についての学習を生かして、論理的思考力の育成を目指す
2 子どもが倍数と約数の学習を生かして、きまりを発見し、説明する授業をつくる

1 「図形と角」の学習を生かした発展的な授業

　まずは、単元導入の授業づくりでご紹介した「図形と角」の単元末に位置付けられる授業をご紹介します。本単元において子どもたちは、三角形の内角の和は180°、四角形の内角の和は360°などを学習しています。そこで、下図のような「矢じり形」を提示し、「矢じり形は敷き詰めることができるのだろうか？」という課題を設定します。予想を聞いた後、実際に敷き詰め活動をさせていくと、始めは「辺」に着目して敷き詰めるため、中々敷き詰めることができません。しかし、しばらく作業をさせると、「敷き詰めることができる」と言い出す子どもが現れます。黒板などで、敷き詰めの様子を実演すると、「なぜ敷き詰まるのだろう？」「本当に敷き詰まっているのかな？」といった問いが生じると考えられますので、それらの問いを解決することを第二の課題とします。

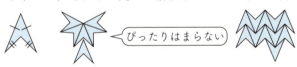

　手元で作業させるための矢じり形の4つの角に、A、B、C、Dという記号を付けておくと、敷き詰まっている所には必ずABCDの角が集まっていることに気付くでしょう。矢じり形は4つの辺で囲まれた図形なので、四角形であり、等しい辺をもたない矢じり形でも敷き詰め可能です。四角形の内角の和は360°であるという既習の知識を活用することで、矢じり形が敷き詰め可能である理由を説明することができ、論理的思考力の育成に繋がります。

2 「倍数と約数」の学習を生かした発展的な学習

　第5学年「倍数と約数」の学習後に設定できそうな授業をご紹介します。この授業では、数の石垣という教材を使います。数の石垣のルールは、一番下の列の数を隣同士足して、上の列に答えを書き、頂上まで埋めていくというものです。この数の石垣を使って、「石垣おみくじ」を行います。「石垣おみくじ」のルールは簡単です。数の石垣の頂上の数を3で割って、割り切れたら「大吉」、1余ったら「中吉」、2余ったら「小吉」です。仕組みを説明すると、一番下の列に入る数をA、B、C、Dと置くと、頂上の数はA＋3B＋3C＋Dとなり、A＋Dつまり、一番下の両端の数を足した数が3の倍数であれば頂上も3の倍数となり、大吉となります。B、Cにはどんな数を入れてもおみくじの結果は変わりません。

　授業展開の例を示しておきます。導入では、2人の子どもに好きな数字を言ってもらい、下図のようにA、B、Dを埋めておきます。Cには子どもたちそれぞれが好きな数を入れて計算します。結果を聞くと、全員が「小吉」となってしまいます。子どもたちは「なぜだろう」「大吉にしたい」といった問いや思いを抱くと考えられます。ここで、教師が「自分もやってみよう」と言って、おみくじをします。その際、使う数は同じにして、Dに教師の好きな数を入れることで、大吉を作り、子どもたちに「Dの数（端の数）を変えることが大吉にすることに関係がありそうだぞ」と気付かせると解決の切り口になります。中学校の正負の数や、文字式にも発展する教材です。

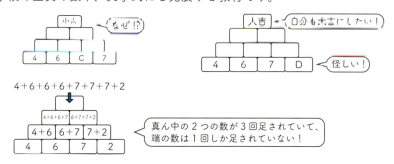

Column 積極的に授業を公開することで 授業観を更新しよう

　各地域には、教科等の研究会があり、年に数回研究授業を通して学び合う機会があると思います。私が教職1年目の時、先輩の先生の「初任者研修の授業公開と抱き合わせにするといいから立候補したら？」という言葉を信じて、研究授業の授業者になりました。結局初任者研修と抱き合わせにはできなかったのですが、この地域の研究授業と初任者研修の授業を通して多くの学びを得ることができました。

　1つ目は、指導案の作成を通した学びです。いざ指導案を書こうと思ったときに必ず確認するのが学習指導要領です。自分の実践に関する部分を熟読して、自分のアイデアと照らし合わせながら指導案の文言に反映させることで、その分野のことにとても詳しくなりました。

　2つ目は、先輩方の教材研究の視点を知ることができたことです。研究授業の一ヶ月ほど前に事前検討の時間が設けられました。そこには、算数を長年研究されてきた先輩方が集まってくださり、自分の授業について本気で考えてくださいました。自分が必死に考えた教材が一瞬にして覆された衝撃と絶望感は今でも忘れられませんが、教材研究の新たな視点を得ることができ、授業づくりについて、一段上のステージに立つことができたと感じました。

　3つ目は、信念をもってやりたい授業をやることの大切さを感じたことです。地域の研究授業はよい授業ができたと感じました。しかし、自身の初任者研修の公開授業では、先輩が教えてくれたアイデアをそのまま採用した結果、大失敗に終わりました。目の前の子どもの実態を真摯に受け止め、授業者の願いを明確にもって授業づくりをしないと子どものためにも自分のためにもならないなと感じました。

　授業が上手になるコツは、とにかく他の人に自分の授業を見てもらうことだと思います。積極的な授業公開で、授業のマンネリ化を防ぎ、常に新しい授業観に更新する機会を自ら設けてみてください。

第 4 章

算数の指導技術

1 思考過程の見える板書づくりのコツ

1 まずは、板書の役割を知ることから
2 子どもたちの考えが広がり、深まるための板書を
3 振り返りのための板書記録

1 なぜ板書が必要なのか？

「45分後、その時間の学びを黒板1枚分にまとめられるようにしましょう」

大学の講義や教員研修など、さまざまな場面で同じようなことを言われたことがあるのではないでしょうか。まずは、板書の基本について確認をしましょう。思考の過程を見えやすくするため、1時間1黒板分の量を目指します。

そして、多くの色を使いすぎないことも意識しましょう。基本は白色チョーク。黒板の色に対して一番色が見やすいからです。大事な言葉などは、目立ちやすい黄色のチョークで書きます。また、算数では図や式に出てくる数値の意味を区別するために、複数の色チョークを用いることが多々あります。その際は、見えにくい子どももいるため、色チョークで文字を書くのではなく、線を引いたり、丸で囲んだりするために使用するとよいです。

板書の基本がわかったところで、そもそもなぜ板書が必要なのでしょうか。板書の役割を考えてみましょう。

①子どもたちが今、授業で何をしているのか（問題・活動内容・友達の考えなど）を確認する

②子どもたちが、学びを広げたり、深めたりしていることを自覚化して実感できるようにする

この2つが大きな役割だと考えられます。

①の役割を果たすためには、その時間に取り組んでいる問題や解決すべきこと（めあてなど）、活動内容、友達の考えなどを板書に残しておきます。そうす

ると、子ども自身が板書を見て、今やるべきことに気付くことができるため、授業中に迷子になる子が減ります。

2 見方・考え方が見える板書づくり

②の役割は、算数の授業をする上でとても重要なものです。算数の授業では、問題を解決するためにどのような点に着目し、どのように考えたから解決できたのかを子どもたちが自覚できるようになることが大切です。そのためには授業の中の思考の過程が板書に残ることが重要です。

例えば、子どもたちの考えをただ羅列するのではなく、関連する考えを矢印でつなぎます。右は、6年「比の利用」の場面です。線分図で考えた子と、分数で計算して考えた子がいます。

表し方は違っても、どちらも7等分してその5つ分を求めていることには変わりません。そこで、この2つは同じ考えであることを示すため、矢印でつなぎます。一方の考えしかもっていなかった子の考えを広げることができます。

また、発言や発表の中で繰り返し同じ言葉が出てきた場合、その言葉を吹き出しなどを用いて何度も板書します。例えば6年生、「分数÷分数の計算の仕方」の場面。子どもたちは発表のたびに、「分数を整数にしたいから……」と話します。このような、既習を生かして解決しようとする考えは、とても大切な考え方なので、その言葉が出てくるたびに吹き出しにして、「整数にしたい」と書きます。それを繰り返し板書していくことで、授業の終わりに教師が「整数にすることが大切でしたね」と言わなくても、子どもたち自身が板書を見返しながら、「分数を整数にして考えたから解決できた」と気付くことができます。

3 子どもも教師も振り返りに使える板書を

授業後、あっという間に板書は消えてしまいます。そこで、教師も子どももICT端末などで板書の撮影をする習慣をつけることをお勧めします。板書には、その時間で身に付けた見方・考え方などが書かれています。子どもたちが板書を記録しておけば、次の時間、解決に困った際、板書を見返して解決の糸口を見いだすことができます。また、教師が板書を記録しておくことで、自身の授業の振り返りができます。ぜひ、日々の板書の撮影習慣をつけて、授業力の向上に役立ててください。

2 子どもの思考が動き出す教具の工夫

1 思考を揺さぶり、「考えたい！」を引き出す
2 教具のちょこっと使いで授業を変える

1 「考えたい！」を引き出す教具の工夫

　今は、ICT端末が整備されデジタル、アナログとさまざまな方法で教材や教具を提示することができ、とても便利な世の中になりました。子どもたちの思考を揺さぶり、「考えたい！」を生み出すための教具の工夫について考えていきましょう。

　例えば、4年、「変わり方」の場面です。この授業では、赤と青の数の変化を表にして調べていきます。「赤が2のときは、青は11だった！」や、「赤が6のときは、青は7だよ！」など、子どもたちはたくさんのデータを集めてきます。集めたデータをどのように黒板に残すか……子どもたちが言った赤と青の数値をそのまま黒板に記録する、教師が提示した表に埋めていく、短冊にした画用紙に書いていくなど、さまざまな方法で記録することができます。

　その中でも、短冊に数値を書いていくと、「考えたい！」と思考を動かし出す子どもが増えます。手順は次のとおりです。①子どもが発言した順番に短冊に赤と青の数値を書いていく。②書いた順に黒板に貼っていく。ただこれだけです。そうすると、子どもたちはどのようなことを言うでしょうか。「先生！　順番に並べてみない？　このままじゃ見にくいよ！」。発言の順番に並べているため、数値は順不同で黒板に貼られています。どの数が出ているのか、どの数がまだ出ていないのかがわかりにくいため、短冊を整理したくなります。短

冊にすることで、簡単に移動をして順番を入れ替えることができるのです。その次には、「まだ出ていない数がある！」。そんな声が聞こえてくるはずです。数の順に並べたことで、足りていない数に着目しやすくなります。きっと、ここまで来れば、「調べなくても大丈夫！　きまりが見えてきたよ！」このように言う子が多く出てくるはずです。黒板に直接書いてしまったら、「数を並び替えたい」という発想をもちにくくなります。教師が示した表に書き込んでしまっては、数を整理して並べる表のよさを実感しにくくなります。ほんの少し教具を工夫するだけで、「並び替えたい」「足りない数を知りたい」「きまりに着目すれば数がわかりそう」、このような思考を引き出すことができます。

2　教具のちょこっと使いで、より活発な授業に変換

それぞれの教具の効果を知ることで、授業での活用の仕方がイメージしやすくなります。

①実物投影機・書画カメラ

作図やブロック操作など教具を使って発表する際、黒板上と机上では操作するときの角度が違うため、子どもにとって困難を感じやすくなります。実物投影機や書画カメラを使用することで、子どもたちは自分の机の上と同じ状態で操作を再現することができます。

②色板や切り取った図形

実際に図形を触りながら活動することは大切なことです。1年生の図形の学習では、色板を触ることで、回転させたり、裏返したり、重ねたりしたいという思いをもちやすくなります。ここでの図形の見方は、5年生の合同な図形の学習につながってきます。画面上ではなく、手を動かして触ることは図形の感覚を豊かにするために大切な活動でもあります。

右は、4年、変わり方の学習です。初めに正三角形を横に並べる様子を提示します。「正三角形をいくつも並べる問題を作るならば、他にどのような問題が作れそうですか？」と問えば、「正三角形の並べ方を変えた問題が作れる！」などの考え
が出てくるでしょう。そのようなやり取りをしながら、本時での問題場面を子どもたちと共に作っていくこともできます。できあがった場面を提示するのではなく、教具を動かしながら問題場面を子どもと共に考えることで、自分たちでつくり出した問題になり、より「考えてみたい！」が生まれてきます。

3 効果的な発問や言葉掛け

1 よい発問が、よい授業につながる
2 パターン別、発問のポイント

1 想定していない発問が授業の肝となる

　発問とは、教師が授業中に子どもに対して発する問いのことを指します。指導案を作成するときや、授業準備をする際にどのような発問をしようか考えます。しかし、事前に想定していた発問どおりに授業は進まないもの。授業は「生もの」と言われるほど、その時々で展開が変わり、想定どおりには進まないことが多くあります。だからこそ、授業を展開していく中で、想定していた発問だけでなく、その時々に応じた発問をすることで、よりよい授業にしていきます。また、子どもたちの考えを価値付けたり、広げたり、深めたりするためには、教師の意図的な発問は不可欠です。子どもたち同士で言葉を交わし合いながら授業を展開していくことが理想です。しかし、まずは、教師が意図的に必要な発問をしていき、どのように考えていくことが大切なことなのかを子どもたちが学んでいくことが必要です。

2 こんなとき、どうすればよい？

　では、どのようなタイミングで、どのような発問をするとよいのでしょうか。いくつかの場面で考えてみましょう。

①考えを価値付ける発問

　考えをもったきっかけを問うことは、考えの価値付けにつながります。例えば、「なんでAさんは、こう考えたのかな？」と、考えを聞いていた子どもたちに問います。そうすることで、「小数÷小数のわる数を整数にしたかったの

だと思います」というような、『既習を生かして考えた』という、考えをもったきっかけに気付くことができます。発表している本人が言うのではなく、聞き手に問うことで、説明の大事な部分を考えようという思考を促すことができます。

②考えの理解を深める発問

「（発表途中に）Aさんはこの続きを何て言うか予想できる人いる？」

　発表者に最後まで発表させるのも一つの方法ですが、発表を途中で止める方法もあります。続きを予想させることで、自分と違う方法で考える機会を与えるだけでなく、示されている図や式をよく観察して考えるようになります。続きの説明が終わったあと、初めに説明していた子の考えと同じであったかを確認するため、「Aさん、あってますか？」と聞くことも大切です。

③考えを整理させる発問

「今言っていたことって、つまり、どういうことなのかな？」

　説明を聞いて終わりではなく、何を言いたかったのかを改めて聞き手に問うことで、大事なポイントを整理することができます。「今の考えを一言で黒板に書きたいんだけど、どんな言葉にすればいい？」と問うこともできます。教師が一方的にポイントを黒板に書くのではなく、わざと困った素振りを見せることで、「わる数を整数にしたんだよ！」など、子どもたちでポイントを見いだすことができます。

④不足している情報を引き出す

「この数値は、図のどこの部分をさしているのかな？」

　子どもたちが説明をしているとき、ただノートに書いたことを読んでいることがあります。そのようなときは、「式の中のこの数は、何を表しているの？」、「この数は、図のどこの部分のこと？」など、数や図を丁寧に説明するよう促します。その際、子どもの発言を必ず板書に残します。そうすることで、話し手は、何を話せばよりよい説明になったのかに気付けます。聞き手は、説明が加わったことでより理解を深めることができます。

　このように、発問をすることで、「あ、そうか。私、こんなこと考えていたのか」と、子どもの無自覚を自覚化させることができます。また、なんとなく解決していたことを価値付けることで、「次もこの考え使ってみようかな」と思わせることもできます。だからこそ、教師の発問は、授業の肝なのです。

第4章　算数の指導技術

4 机間指導中の教師の役割

1 そもそも机間指導って何の時間?
2 机間指導は効率的に回る
3 子どもの考えが間違っていたとき、どうすればよい?

1 机間指導は、何のためにする?

「時間をとるから、ノートに自分の考えを書きましょう」。子どもたちは一生懸命に考えてノートに自分の考えを書く。さて、教師はこの時間どうすればよいのでしょうか。何をすればよいのか、何を言えばよいのかわからず、なんとなく教室の中をぐるぐる歩いてしまう……そんな先生も中にはいるのではないでしょうか。いわゆる自力解決の時間は、一人一人の子どもたちとゆっくり関われる貴重な時間です。子どもの様子を見取り、子どものがんばりを褒めます。教室の中には悩んでいる子どもはたくさんいます。その一生懸命に悩み、思考を働かせている子どもたちに適切な声かけもします。このように、机間指導中は、1時間の中でいちばん個別に関わることができる時間です。だからこそ、限られた時間の中で、効果的に机間指導をしていくことが大切です。

2 机間指導、何からすればよい?

自力解決の時間は、おおよそ5〜10分程度の場合が多いです。この短い時間の中でやるべきことはたくさんあります。次のように回ってみると効率的に子どもたちと関わることができます。

①まずは、課題を把握できているのか確認するための1周目

子どもたちは考えるべきことが提示されて、その解決のために考え始めます。まずは、子どもたちが全員、考えるべきことを正しく理解できているのか、活動場面ならば正しくルールをとらえられているのかを確認します。ここで土俵

に上がれていなかった場合、これからの数分、間違った方向に向かって子ども
は一生懸命に突き進んでしまいます。全員を同じ土俵に上げるために、まずは
全員の様子をなるべく短い時間で一度確認します。

②解決が早く進んでいる子への声かけの2周目

　あまり悩まず、さっと自分の考えをもてる子が一定数います。2周目は、
その子たちへ声かけをします。このような子たちは、声かけをすればその後も
一人で学びを進める力をもっています。素早く考えをもてたことを称賛しつつ
も、「みんなにも伝わるように、もっとわかりやすく表すことができるかな？」、
「他の方法でも考えられない？」、など、よりよい考えや多様な考えにつながる
ような声かけをしていきます。

③悩んでいる子を引き上げる3周目

　もちろん、①〜②の間にも声かけをしていきますが、このタイミングでじっ
くり時間をかけて算数が苦手な子への支援をします。何に困っているのか、ど
こまでできているのかを会話を通して見取っていきます。そこから、事前に想
定していた手だての中から、その子に適している手だてを講じていきます。そ
のとき、子どもとのやりとりは他の子にも聞こえる声で話して構いません。わ
からないことを表出するのが苦手で、わかったふりをして書き進めている子も
中にはいます。そのような子は、ひっそりと教師の言葉を聞いていたりします。

④再確認の4周目

　再度、全体を把握して、どのような考えが多いのか、どのような誤答がある
のか見取り、全体交流の時間につないでいきます。

3　子どもの誤答、どこまで修正させる？

　子どもたちは、自力解決中に正しい答えを出さないといけないのでしょうか。
私は、そうではないと思います。友達の考えを聞いて、自分の間違いに気付き、
考え直すこともとても大切な学びの場です。間違いから新たな気付きをもてる
こともあります。ただし、誰もが同じように友達の考えを生かして自分の間違
いの修正につなげられるとは限りません。自分の考えに固執しがちな子には、
机間指導で教師が個別に考えを修正してあげる必要があります。算数がとても
苦手な子は、間違った方向に考えを進めると修正することにとても苦労します。
子どもの特性を見極めて、どこまで修正するか、どこまでそのままにしておく
のか判断することも大切です。

第**4**章　算数の指導技術

5 図を自由自在に使える子どもを育てたい!

1 目的を意識して図の指導を行うことが大切
2 図を言語として使える子どもを育てる

1 いつ、なんのために図を使うのか

　算数では、目の前の事象をいかに簡潔・明瞭に表現することができるようになるかという力を育成することが求められます。その表現方法の一つが図です。図と一言で言っても、さまざまな図があります。数を〇に置き換えた図、テープ図、線分図、数直線図、面積図などがあります。事象をこれらの図で表すことで、子どもたちは図という共通の視覚情報をもとに、互いの考えを聞き合うことができます。では、どのような目的で図を使うのがよいのでしょうか。

①問題場面の数量関係を整理するため

　文章で表された問題場面を図に整理することで、「全体と部分」、「基準量・比較量・割合」などが明確になります。そうすることで、何を求めればよいのか、何がわかっているのかが見えてきます。そして、その図をもとに立式をすることができます。

　例：おり紙が 12まい あります。何まいか もらったので ぜんぶで
　　　20まいに なりました。何まい もらいましたか。

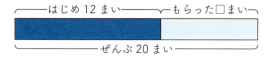

②立式を確かめるため

　問題場面を見てすぐに立式できる子どももいます。そのような場合は、立式をしたあとに問題場面を図に表し、自分で立てた式と図を比較します。そうす

ることで、自分の式が正しいかどうか確認することができます。
③自分の考えを相手にわかりやすく伝えるため
　算数で自分の考えを、より相手にわかりやすく伝えられるツールが図です。言語だけで伝えても聞き手はわかりにくいけれども、図と言語が合わさることで、より考えが伝わりやすくなります。前述の①②が自分のための図だとすれば、この③は聞き手のための図になります。

2　図を上手に使って語れる子どもを育てる

　右は6年「比の利用」の学習です。砂糖と小麦粉を重さの比が5：7になるように混ぜるとき、小麦粉の重さが140gだったら砂糖の重さは何g？という問題です。子どもは場面を線分図で表しました。自分の考えを伝えるために、線分図の中に●印をかき足しながら説明をしました。聞き手に理解をしてもらいたいという思いがあるからこそ、図だけでは足りない情報をかき足したくなるのでしょう。

　全体で発表する際、せっかくかいた図を指し示すことなく発表を終えてしまう場面を見かけます。まずは、言葉と図を結び付けて発表できる子を育てましょう。教師が「今のって、図のどの部分のこと？」と一言声をかけるだけで言葉と図が結び付きます。その次のステップとして、図をかきながら発表できる子が育つとよいです。図には、かく順番があります。なぜ、そこからかいたのかを話しながらかくことで、聞き手も図の意味理解を深めることができます。

　ペアで考えを伝えあう場面では、ノートにかかれている図や式を指で指し示しながら説明できるように育てていきます。図に何かをかき足しながら説明している子がいれば素晴らしいです。目の前にいる聞き手の理解に応じて、「ここがね……」と説明できるような子が増えていくとよいです。これらのことができている子がいたら大いに褒めることで、上手に図を使える子が増えていきます。また、そのような説明をしてもらった聞き手側に、どう思ったか聞くことで、図を示しながらの説明がいかに良かったか広めることもできます。

　子どもが自由自在に図を使えるようになるには、教師の意図的指導が重要になります。図のかき方や図があることのよさなどは、意図的に単元計画に入れて指導を重ねていく必要があります。あえて図をかくことに焦点をあてる時間を設定するのも一つの手です。

6 交流・発表の仕方のポイント

1 目的をもって交流すること
2 発表会ではなく、考えが交流できる時間にする
3 教師対子どもの1対1の関係の発表はしない

1 なぜ考えの交流が必要なのか

　なぜ考えを交流するのでしょうか。例えば、自分の考えを人に伝えることで、自分の考えが整理でき、より理解を深めることができます。また、人の考えを聞くことで、自分の考えと比較することができます。自分と違う考えに触れることで、自分では気付けなかった新たな考えをもてるようになります。考えを交流することの意味はたくさんあります。ただ交流させたらよいのではなく、何のために交流させるのか、目的をもって交流していくことが大切です。

2 発表会ではなく、交流にするために

　全体で交流する場面では、「一人一人の考えを発表するだけになっているな……」と悩んでいる先生が多いかと思います。子どもが黒板前に出てきて自分の考えを書いたり、発表したりする。そこに書かれたことを読んで、「いいですか？」「いいです！」そんな場面を見かけます。これでは、ただの発表会です。では、どのようにしていけばよいのでしょうか。ここでの問題は、①黒板に書いたことを読むだけの発表になっていること。これでは、聞き手は話を聞く必要感をもてません。話を聞かなくても、黒板を見ればいいだけになってしまいます。②「いいですか？」「いいです！」のやりとりをしていること。そもそも、何がいいのか、だめなのかの判断基準がありません。何も考えず「いいです」を言っておけばいいと考えてしまう子を育ててしまいます。

　では、どうすればよいのでしょうか。①黒板に書かれていない情報を伝えさ

せます。式に出てきている数値は問題場面のどの数値なのか、問題文や図を指し示しながら、「ここの数は……」と言えるようにします。②「いいですか？」よりも、「私の考え、わかりましたか？」など、考えが伝わったかどうかの確認をするようにします。教師が、「どこがわかりやすかった？」と問うことで、「図にしたから」「昨日の考えを生かしているから」など、考え方の大切な部分を聞き手から引き出すことにつながります。また、「ここが難しかった。もう一回聞きたい」と言える子がいれば、話し手は1回目の伝え方より、言葉を選んでよりよい説明をしようと意識をすることができます。「この場面、Aさん（発表者）は何を伝えたかったのかな？」と問えば、聞き手がAさんの考えを汲みながら、発表することができます。

3 教師の立ち位置、声かけでよりよい全体発表の時間に

　全体交流の際、黒板の前に出てきて一生懸命、教師に説明をする子がいます。対教師という発表の対象を、少しでも広げていきたいものです。

　まずは、教師の立ち位置です。年度始まりや、子どもが低学年のときなど、まだ発表することに慣れていない場合は、発表する子どもの近くにいてあげて、発表の手伝いをしてあげることも必要です。しかし、教師が近くにいればいるほど、子どもは教師に向かって話してきます。「先生ならわかってくれる」「先生なら助けてくれる」という安心感があるからです。それならば、その安心感を逆手にとって、教室の後方などに教師が立ってしまえばいいのです。教師が教室の後方に行っても、子どもは教師を見ます。黒板の近くにいるときと違うのは、発表者の視線が教室の後方まで届くようになったことです。そうすることで、聞き手の子どもたちは、発表者が見ている、自分に話してくれていると感じやすくなり、一緒に考えようという気持ちが働きやすくなります。

　発表している子が、誤った考え（誤答）だった場合もあります。その場合は、聞き手に、「こうやって考えたくなった気持ちはわかる？」と問うことで、発表した子の考え方を否定しなくてすみます。また、その考えは、今、解決している問題場面では使えなくても、次の時間や他の単元で使えることがあります。子どもたちの考えの引き出しを増やすことにもつながります。

　発表場面は、子どもたちの関係性が大きく出てくる場面です。誤答が許される風土づくり、発表を聞いてほしいと思える関係性を日々つくっていくことが何よりも大切なことです。

7 学びにつながる ICT端末の活用

1 友達の考えを一斉に見ることができる
2 操作をいつでもみんなで見ることができる
3 情報を整理して取り出す力をつけられる

1 考えの視覚化で交流したい相手を見つけられる

　ICT端末を使えば、ノートに書いていること、自分の立場などを一斉に提示することができます。誰が、どのような考えをしているのかを子どもたちも短時間で知ることができます。そうすることで、誰の考えを聞いてみたいのか、自分と似ている考えの人が誰なのかを見つけ出しやすくなります。

　例えば、4年「複合図形の求積」の学習では、図形に補助線を引いたものだけを一斉に提示します。自分では気付けなかった補助線の引き方があれば、「この場合の式はどうなるのだろう？」「そういう考え方もあるのか」と、子どもたちは一生懸命に友達の考えをよみ取ろうとします。だからこそ、その友達に話を聞いてみたいという思いをもつようになり、目的をもった考えの交流につながります。

　しかし、視覚化する際、気を付けなければいけないこともあります。例えば、解決方法のすべてを映し出すことは避けた方がよいでしょう。結論までかかれた画面を見たら、子どもたちはそれだけで満足してしまいます。その人の話を聞いてみたいと思えなくなります。せっかく一緒に学んでいる人が、同じ教室の中にいるのだからこそ、人対人で関わり合う場面を奪ってはいけません。ちょっと足りないくらいの情報を共有することがポイントです。

2 いつでも同じことが再現できる

　動画機能を使えば、いつでも同じ場面を再現することができます。例えば、1年生のたし算・ひき算のブロック操作の学習。子どものブロック操作を動画で撮影することで、何度も繰り返し同じ操作を見ることができます。友達の操作の様子を見ながら、「なんで、この動かし方にしたのだろう？」と、操作の意味を考えることができます。

　子どもたちは、無意識のうちに操作をしていることがあります。「自分の机で行っていた操作と同じことをもう一度してみて」と伝えても、すでに忘れてしまっていたり、違う操作をしたりすることが大いにあります。子どもたちは、45分間常に一生懸命に思考しているからこそ、当たり前の状況です。だからこそ、動画にすることで、忘れてしまいがちな子どもの考えを繰り返し再現し、価値付けすることができます。

3 残り続ける板書と、消えてしまいやすいICT端末

　黒板に書いたことは、消さない限り1時間黒板上に残ります。問題やさまざまな考えなど、1時間の授業の流れに沿って、次から次に情報が加わっていきます。一方、教室にある大型ディスプレイは、次から次にさまざまな働きをさせられています。デジタル教科書の図を示していたと思ったら、子どもたちのノートを一斉に映し出したり、その中からいくつかの考えを拡大して提示したりと、画面が目まぐるしく変わり大忙しです。大型ディスプレイが各教室に入ったことで、提示の仕方が増え大活躍しているのは間違いありません。

　この、次から次に画面が変わる、つまり「消えてしまう情報」を活用することもできます。「今、画面に映っていることの大事なところだけ黒板に残しておきたいのだけれど、なんて書けばいいかな？」と問えば、子どもたちは大事な部分を考えながら情報を整理しようとします。また、「黒板に似たことがかいてあるから、その近くにかくといいよ！」など、その時間に学習したことと関連付けながら整理することもできます。

8 授業のラスト、何をする?

1 よい授業のスタートは、前時の終わりに影響する
2 授業の終わり、何を振り返らせるのか
3 学びをその時間だけで終わらせない

1 よい授業のスタートのためには、授業のラストが肝

　1時間の授業のスタートをよいスタートにするには、前の時間の終わりが重要です。授業の終わりがわくわく、どきどきした授業ならば、「早く次の授業にならないかな！」、「続きを早くしたい！」となります。子どもたちがわくわくしていれば、教師もわくわくしながら授業ができる。とてもすてきな循環になります。しかし、授業の中に「わくわく・どきどき」を入れるのは難しいです。まずは、ほんの少しだけ授業の終え方を工夫して、「算数って、楽しいな！」と思える子どもを増やしていきましょう。

2 次につながる振り返りを

　授業の終わりには振り返りの時間を設ける先生が多いでしょう。そこでは、どのようなことを振り返らせていますか。友達のよかった考え、自分には気付けなかった考え、初めて知ったことなど、さまざまな観点で授業を振り返ることができます。その振り返りの観点に、「こうならば……」という考えが入ってくると、次の時間に学びがつながりやすくなります。
　例えば、5年「図形の角」。三角形の角の和を学習した日の振り返りです。

> 「どんな三角形も、内側の角をすべてたすと180度でした。**三角形の角の和にきまりがあるのならば、四角形も**同じように、内側の角をたすといつも同じ角になるのかなと思いました。」

　このように振り返った子は、きっと、「早く次の時間になって、四角形を確

かめてみたいな」と思うでしょう。

1時間の授業ですべてが完結せず、「あれ？　この場合は？」、「条件が変わったらどうなるのかな？」など、子どもたちの疑問が少し残るくらいの授業の終わり方になると、次の授業が楽しみな子が増えてきます。

しかし、子どもに任せたままではこのような気付きをもつことはできません。授業の中で、「今日の問題だったら、どこの条件が変えられそう？」、「まだ解決できていないことってあるかな？」など、発展的に事象をとらえる視点を教えていく必要があります。「たし算でできるのならば、ひき算でもできる？」、「平行四辺形の面積が求められるのならば、三角形も同じように考えれば面積が求められるかも！」など、子どもの見ている世界を一緒に広げていくことが大切です。そして、次の時間をわくわくさせてあげましょう。

3 学んだ考えを過去・未来の学びにつないでいく

せっかく学んだことが、その時間でしか通用しないのはとってももったいないことです。学んだことが他の学びとつながった瞬間、子どもたちは、「あ！そうだったのか！」と目を輝かせます。

その日の学びを過去の学びとつなげることは大切なことです。授業の終わりに、「この考え方って、前に見たことない？」そんな一言を言うだけで、その日の学習がぐっと深まります。

例えば、4年「分数のたし算、ひき算」。$\frac{2}{7} + \frac{3}{7} = \frac{5}{7}$ の学習場面です。子どもたちは、「$\frac{1}{7}$ をもとにすると、$2+3=5$、$\frac{1}{7}$ が5こだから$\frac{5}{7}$」を学びました。ここで授業を終わるのではなく、「この考え方って、前に見たことない？」と聞きます。「大きな数の計算でもやった！　2億＋3億は1億をもとにして$2+3$で考えた！」、「1年生のときもやった！　$20+30$のとき！」、「小数でも同じことやったよ！」など、過去の学びとつなげていくことができます。子どもたちからこのような考えが出てくるのが難しければ、一緒に過去を引き出してあげてもかまいません。未来の学びとつなげる子も出てくることもあります。「整数も小数も分数も同じように考えられるならば、分母の違う計算もできるのかな？」このような気付きができる子がいたら素晴らしいです。未習の内容なので深堀する必要はありませんが、考え方を生かして算数の世界を広げたことを大いに称賛してあげるとよいでしょう。授業の終わりにちょこっとだけこのようなことを行うことで、算数の授業で考えることが楽しい子どもたちが増えていきます。

Column

子どもを育て、子どもに育てられ

　今から18年前、初めての初任者研修で言われた言葉が今でも忘れられません。「教師は、役者でもあり、監督でもあるんだよ」と。子どもたちが毎日、楽しく学校生活を過ごせるために、私たち教師は子どもたちと一緒におもいっきり楽しんだり、時にはしっかりと指導したりと、喜怒哀楽を全力で出しながら一教師という役者になります。担任している学級の子どもたちをどのように育てていくのか、どのような場面に出合わせるのか、監督としてさまざまな場面をつくり出していきます。そうやって１年間、全力で子どもたちと過ごしていきます。

　思うように学級経営ができず、よく校長室で泣いていた１年目。泣きながらも、全力で教師という役者になりきり日々過ごしてきました。初めての研究授業の日、子どもたちはたくさん発言をしてくれました。緊張してマジックペンを落とした私に、「緊張してるの？」と心配そうに声をかけてくれました。人生初めての研究授業、今でもはっきりと覚えています。修了式の日には、保護者からお花をいただきました。後から、「子どもたちね、誰が先生に渡すかでけんかして大変だったんだよ」と教えてくれました。無我夢中で過ごした１年目。私をちゃんと先生にしてくれた初めての子どもたちは、今でも大切な子どもたちです。

　さて、そんな私も役者・監督歴19年目に突入しました。もう大ベテランです。多くの子どもに出会い、今年はどんな出来事に出合わせてあげようかなと毎年わくわくしています。もちろん大変なこともあります。でも、そんな大変なことも今では、これまで出会ってくれたたくさんの子どもたちとの日々を思い出しながら、上手に乗り越えられるようになりました。子どもたちに育ててもらったからこそ、今の私がいます。これから先、どんな子どもたちに出会えるのかわくわくでいっぱいです。

第 5 章

算数の学習評価

1 子どもたちとどんな算数授業を創りたい？

1 目標と評価はセットでとらえよう
2 子どもに学び、指導に生かそう
3 もちろん算数の内容も目標

1 目標と評価はセットでとらえよう

この章まで読まれてきて、「子どもたちとこんな算数の授業がしたいな」というイメージをもつことができましたか？ どこか（ノートやスマホのメモ帳）に書いてみましょう。どうぞ。

さて、目指したい算数授業のイメージがあると、「ああ、やっぱり子ども理解や教材研究、授業構成・展開の力が必要だな」と思えてきますね。

できれば、その授業イメージを書き出しておいて、日々意識していくことをお勧めします。そうでないと、日々の中でこの本で得たものが薄まりかねないので……。

その点を気を付けて授業をしていくと、「今日の授業は私が目指している授業になっていたかな？」と振り返る意識も働いてくると思います。目標があるとそれに伴って、できているかどうかも意識するようになるのです。これを、「評価」ととらえることができます。目標と評価はセットでとらえられるということです。

2 子どもに学び、指導に生かそう

では、今あなたが思い描いてきている目指したい算数授業のイメージを目標としたときに、どのような方法でその授業を評価して、どのような状態であればそのイメージが達成できたと判断しますか？ きっとそれを教えてくれるのは、算数を学ぶ子どもたちの姿です。

私は、「子どもの学びの姿に学び続け、自身の指導に生かせる教師」でありたいと思っています。

　「評価」というと、子どもたちに対しての評価という印象が強いかと思います。でも子どもたちへの評価は、同時に私たちの指導の評価でもあります。つまり「鏡」のようなものなのです。そこをはき違えてしまうと、「悪いのは、できない子どもたちのせいだ」と自分勝手に子どもの状況を解釈してしまいかねません。そういう状態に陥っては、子どもに学び、自身の指導を振り返ることはできません。

　子どもたちの状態を、ある方法のある観点で取り出し、それを評価として子どもたちや授業者自身が受け取ります。そして、子どもたちは自分の学び具合を、授業者は教え具合を振り返り、調整していくのです。

　算数科にかかわらず、どの教科においてもこうした学習評価の姿勢（マインド）は大切にしたいですね。

3　もちろん算数の内容も目標

　目指したい算数の授業という目標とその鏡となる評価について述べてきました。算数の授業である以上、学習指導要領に示されている3つの資質・能力「知識及び技能」「思考力、判断力、表現力等」「学びに向かう力、人間性等」とそれに関連づく各学年の目標、学習内容を踏まえた授業を行う必要があります。

　私たちが行う授業は、子どもたちが算数を学ぶ授業でもあり、算数で学ぶ授業でもありたいものです。私たち教師が、算数をより良く学ぶ子どもの姿を何のために、いつ、どのようにとらえていくのか。

　本章ではそうした算数の学習評価を扱っていきます。「評価ってどうやってすればいいんですか？」と悩まれる声を聞くことがあります。本章がそうした方にとってヒントとなれば幸いです。そのためにも、このページで、あなたなりの目指す算数授業について考え、今日までの算数授業であなたはどのような評価を行ってきたかを振り返ることは大切です。

　それができてから、次のページをめくっていきましょう。そして算数の学習評価について一緒に考えていきましょう！

第5章　算数の学習評価

2 記録に残す評価と指導に生かす評価はどう違う?

1 単元目標から確認しよう
2 「記録に残す評価」とは、評定を出すために記録すること
3 「指導に生かす評価」とは、次の手立てを探ること

1 単元の目標から確認しよう

　具体的に単元の指導計画を立てる際に、皆さんは何から始めていますか。教科書を読みますか。

　ここで大切にしたいのは「どんな内容をするのか」の前に「この単元はどんな目標なのか」と確かめることです。前節でも目標と評価をセットでとらえると述べました。具体的には、学習指導要領解説のその単元に係る内容、国立教育政策研究所が出している「『指導と評価の一体化』のための学習評価に関する参考資料」を確認したり、教科書の朱書きや研究編などに示されている単元の目標、観点別評価項目の「知識・技能」、「思考・判断・表現」「主体的に学びに取り組む態度」の評価基準を確かめたりすることです。

　確かめることで、「この単元のゴールは、こういう力を目指しているのか」と、具体的なゴールイメージをとらえることができます。目標がわかった上で、単元の内容を見ます。このようにすると指導計画を立てやすくなるのです。

2 「記録に残す評価」とは、評定を出すために記録すること

　「評価」と聞くとどのようなイメージをもちますか。テストをして、その点数だけで通知表をつけるといったイメージを若い先生はもたれていませんか。

　私たちの仕事は責任ある教育活動です。授業もやりっぱなしではなく、責任が伴います。子どもたちの単元の学びの最終的な学習成果を客観的にとらえる必要があります。それが観点別評価項目ごとの「記録に残す評価」です。そし

てそれらを活用して総括したものが「評定」です。つまり「記録に残す評価」から「評定」を出していきます。

「記録に残す評価」は「全員の子どもを対象にすること」が前提です。子どもたちの単元目標に照らし合わせた最終的な学びの達成度がどうだったかを、すべての子どものテストやノートの記述、レポートなどの表現物・成果物で評価していきます。単元の目標を確認した後は、単元内のどこで、どのように「記録に残す評価」を取っていくかを検討することが必要です。しかしながら、毎時間に「記録に残す評価」をしていくのは大変です。同学年や他の先生と評価計画について相談してみるとよいでしょう。

しかし、それだけが評価ではないのです。子どもたちのために私たちの指導に生かす評価。「指導に生かす評価」があるのです。

3 「指導に生かす評価」とは、次の手立てを探ること

単元が目指す目標や評価基準はわかった。学習内容の流れもわかった。わかったけれども、実際に子どもたちと授業を進めていくと、計画通りにいかないこともあります。この時の「計画通りにいかない」とは、どのような状態を指すのでしょう？

「計画通りにいかない」を「授業時間が足りなかった」とします。次の時間にその続きをして、また足りなくなって……とずるずると単元を進めていくと、単元終了後の評価テストに取り組んだ際に、クラスで全体的に点数が良くなかった。こうなっては後の祭りですね。単元目標の達成は十分とは言えません。

また、「計画通りにいかない」ことを「子どもの理解の状況が十分でなかった」とします。授業は45分間で収めたけれども、子どもたちの理解の状況が曖昧……。教師はそうした状況を適用問題や、授業における子どもたちの反応や発言、話し合いの様子から把握します。

授業中に教師が問いかけや授業展開を修正することもあります。適用問題の結果や子どもたちの反応を授業者が評価し、そして次の時間の授業の構成や手立てを考えることもあります。そのどちらもあります。子どもの状況をキャッチし、次の手立てを探ること、それこそが「指導に生かす評価」です。

3 授業で子どもの何を、どう見取るの?

1 子どもの表現を本時の目標に沿ったイメージで見取ろう
2 授業者の見取る力を意識的につけていこう

1 子どもの表現を本時の目標に沿ったイメージで見取ろう

　算数の授業では、教えるべきところは教えるけれど、一方的な教え込みではなく、子どもの素直な発想や反応、そこに含まれる数学的な見方・考え方を引き出しながら一緒に楽しく授業をすることが大切だと考えます。

　子どもたちの考え、声を生かしながら授業を展開するとなると、授業者の見取る力が求められます。

　では、私たちは何を見取りたいのでしょうか? 私は「本時の目標に関連する子どもの姿」を見取るようにしています。ということは本時の目標が定まらないと見えにくいものがあるということですね。

　例えば4年生の42÷3の計算方法を考える授業。本時の目標は「除法の計算の仕方を、数のまとまりや数の構成（合成・分解）に着目して考え、図の操作や式で表現し、考えることができる」とします。この授業では「色紙が□□まいあります。3人に同じ数ずつあまらないように分けます。一人分は何枚ですか?」と示し、□に0、1、2、3、4のカードを当てはめることを確認しました。この授業の目標に関連する子どもの姿を展開に沿って次のようにイメージします。

「0 3÷3ならかんたんだな。12、21、30、24でもできるよ」
「12と21みたいにカードをペアにして並べると、24は42とペアだね」
「でも42÷3って割り切れるのかな? 割られる数が3の段より大きい……」
「10枚が4つと1枚が2つと考えると、先に10枚を配ると12枚あまって、そ

れを 3 人に配ると12÷3で 4 枚。だから14枚だと思うよ」

「12÷3と30÷3の式で作れるよ！　図でもいえる！」

「割られる数を割る数でわり算できる数に分けるとよいんだな」

「だったら21と30で51÷3や、24と30で54÷3も割り切れそう」

　割り算の意味に基づいて式の数を分解したり、図を操作したりして考える子どもの姿をイメージして授業に臨むことで、その姿を見取ることができるのです。

2　授業者の見取る力を意識的につけていこう

　では、私たち教師は、授業の中で子どもたちをどうやって見取るのでしょうか？　私たちは子どもの頭の中を見取ることができません。しかし子どもたちは授業の中で以下のような表現をしています。

> ・表情　　・つぶやき　　・発言　　・反応　　・動作　　・記述など

　本時における子どもの姿や反応をイメージして、子どもの授業中に現れるいろいろな表現に意識を向けていくと、子どもたちへのまなざしや聴き方がきっと変わってきます。

　実際の授業では、いろいろな子どもたちが一緒に算数を学んでいます。「私の指示（発問）は、どれだけ伝わっているかな？」「この子の説明や考えは、伝わっているかな？」なども実際の授業の中では、子どもたちの表現から見取っていきながら、その次の手立てを瞬間的に考えることも求められます。

　つまり求められるのは、目指す授業や本時の目標に基づいた授業者の見取る力ということです。

　ある先生は、眉毛がぴくっと動いた子の小さな動作から困っている声を引き出して、学びにつなげることができるそうです。鉛筆を持とうとする、手を挙げようとする、友達に話しかけようとする、そんな動きの中に算数の授業がより楽しく、深く学べるきっかけがあると思います。そんな子どもたちの小さな動きに気付くために、授業者は子どもたちの動きをよく見ることが大切ですね。

　授業後には、授業前にイメージした子どもの姿と実際の子どもの姿を×てしておくといいでしょう。見取りによる授業の手ごたえを、次の授業に生かせば、それは「指導に生かす評価」とも言えそうですね。

第5章　算数の学習評価

93

4 子どものノートの見取り方

1 授業中にも授業後にも見取ろう
2 授業中に見取ること
3 授業後に見取ること

1 授業中にも授業後にも見取ろう

　ある子どもが算数の授業で何を考えたのか、とても気になりますね。自分では何を考えたのか、授業の終わりには何を考えたのか、そうした視点で子どものノートを見ることが大切です。

　3年生のあまりのあるわりざんの授業です。教室全員でしりとりをした後に、「こぶた→たぬき→きつね→ねこ→こぶた……」とループしりとりをしていくと37番目はどの動物かな？という問題を扱いました。

　子どもたちのノートを見ていくと、「37÷4=9あまり1」と式で表現する子と4匹ずつのまとまりの図で表現する子に分かれていました（①）。

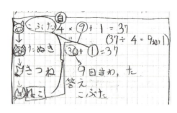

　私は見ながら「お、図をかいて考えているんだね」「え？　式でも表せるの？」「式の数に言葉をつけ始めた人もいるよ」「式と図をつなげ始めた人もいるよ」と聞こえるように独り言を言います（②）。

　子どもたちは書きながら、片耳を大きくして聞き耳を立てている様子。

　全体では、37÷4=9あまり1の式の数の意味を図と関連づけながら考えていきました。4は4匹で1セット、9はそれが9セット分、あまりの1はあま

りが 0 のときを4÷4で考えるとねこになり、あまり1がこぶたと対応することを確かめました。余りに対応する動物に目を向けることができたら、「だったら、〇〇ばんめは？」と問うとすぐに答えを求めることができました。「他のループしりとりもできるかな？」としたところで本時を終えます。

ノートを見取る場面は授業中と授業後があると思います。授業中であれば、その後の展開を考える材料になりますし、授業後であれば子どもの実態に学び、今後の指導に生かすことができます。

2 授業中

①で見取ろうとしたことは、「子どもたちの中に図で考える子と式で考える子はどれくらいいるか」「あまりと動物との対応が見えているか」です。

①で見取った後、②では個々人の表現について知らせるような独り言をしました。困っている子が「図にすればいいのかな」と思ったり、図にかいて数え終わっている子が「式でもいえるの？」という気持ちになったり、式をかいて終わっている子が「数の意味をかくとわかりやすくなるんだ」と考えたりすることを促したかったからです。時には、「どうしてそういうことが思いついたの？」と発想を尋ねてみたり、無言で見取ったりすることもあります。

見取る視点とその時の教師が何をつぶやくか、その選択肢を持っておくと良いでしょう。

3 授業後

授業後にノートを集める先生も多いと思います。私の学級では自分の考えは、「自」と書くことは約束しているので、その時間のその子の考えを授業後に知ることができます。振り返りには「#」や「キ」のマークを付けて書かせています。「#」は本時の大切な考え方や言葉、「キ」には気になることをかくよう促しています。毎日全員のノートにコメントを書くのは難しいですが、ノートを見たマークやト線はつけて返すようにしています。この授業では「#：あまりを見ればすぐわかる」「#：あまりの使い方」「キ：チーム分けにも使えそう」がありました。キを書いた子は、まとまりを基にあまりに着目して、その適用場面を広げているのだなと見取りました。次時にその記述を取り上げ、価値付けました。

5 知識・技能はどう評価する?

1 適用問題で評価しよう
2 「例えば」「ちなみに」で書かせてみよう
3 長いスパンで見ていこう

現在の学習評価は目標に準拠した評価として、3つの目標を「知識・技能」、「思考・判断・表現」「主体的に学びに取り組む態度」の観点別にとらえて評価を行っています。

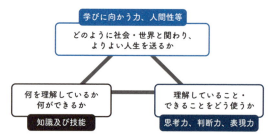

5節、6節、7節ではそれぞれ「知識・技能」、「思考・判断・表現」「主体的に学びに取り組む態度」の評価について考えていきましょう。

1 適用問題で評価しよう

　知識・技能に関して、記録に残す評価としては、単元末のペーパーテストで評価することが多いと思います。それまでに単元内で子どもの理解度を測りながら適切に介入し、単元の学習展開を修正したり、技能の習熟を促したりすることは教師として大切です。そうした指導に生かす評価として、授業の中で適用問題を扱うことも必要です。

　本時で学習した見方・考え方を働かせて、似たような問題でも自力で解くことができるかということを視点に評価するようにしましょう。その結果を、記録に残す評価とするかどうかは単元開始前の評価計画段階から検討しておくとよいです。宿題は、理解・習熟の状況の把握には有効ですが、記録に残す評価材料としては採用できないと考えます。

知識にしても技能にしても、習熟に偏りすぎないようにしましょう。算数の学習では、それらを新たな問題解決時に働かせることや、過去の学びとのつながりに気付くことができるようにすることも大切です。バットで素振りだけをたくさん練習しても、バッターボックスに立って、その技能を使わなければなぁ……と思います。ドリルでの技能の習熟も大切ですが、問題解決時に知識・技能を活用して考えようとする姿こそ価値づけたいなと思います。

2 「例えば」「ちなみに」で書かせてみよう

「考えさせること」と「教えること」を算数の授業では意識したいですね。

　算数用語や定義などは教師が教えることです。私の場合は、子どもとじっくり考えてからそれらを教えることもありますし、早い段階で教えてから、その見方でここまでの学習を見直したり、発展させたりすることもあります。

　知識に関してはこちらが教えることですが、教えたつもりではなく子どもたちが本当にわかっているかどうかを表現させてみることで評価ができると思います。その手立てとして「例えば」と「ちなみに」を書かせてみることが有効です。

「例えば」を使って、その知識を自分なりに説明してみる。「2つの辺の長さが等しい三角形を二等辺三角形という」を「では、これを『例えばこんな図形です』とノートに書いてごらん」と促します。ただ単に三角形をかくだけでなく、どことどこの辺の長さが等しいのかを示すことができていれば、知識がおおむね理解されていると判断できます。

　また、「ちなみに」を使って、「ちなみにこれは違います」を書かせてみることもできます。似て非なるものをかかせてみるのです。用語の意味を考えながら「正しい・異なる」の判断を促すことで、知識をより確かにすることもできますし、それらの評価もできると思います。

3 長いスパンで見ていこう

　単元末には、大抵ペーパーテストをします。そこでもし、まだ習熟が十分でなく、記録としての評価が目標規準に到達できていないとしても、その学年はまだ3月まで続きます。そこまでにその子にしっかりと力をつけてあげられればよいと思うのです。学習する単元自体は変わっていきますが、3月末での達成を目指して、適切な支援と指導と評価を行っていくことが大切です。

6 思考・判断・表現はどう評価する?

1 基準を設定しよう
2 表現する場を設定しよう

　学習指導要領では算数の思考力・判断力・表現力等に係る目標として、以下のように示されています。

> 「日常の事象を数理的に捉え見通しをもち筋道を立てて考察する力、基礎的・基本的な数量や図形の性質などを見いだし統合的・発展的に考察する力、数学的な表現を用いて事象を簡潔・明瞭・的確に表したり目的に応じて柔軟に表したりする力を養う」

　少し抽象度が高いかもしれませんが、学習指導要領にはさらに具体的に各学年の目標、内容にも思考力・判断力・表現力等が示されています。
　大きくとらえると、①筋道立てて考える、今日の問題を既習の知識や考え方といった数学的な見方・考え方を働かせて解決・表現する姿、②解決したことを振り返り、既習の学びとのつながりを考えたり、取り組んだ問題を発展させたりする子どもたちの姿がイメージできます。
　そうした姿は子どもたちの発言や、記述になって現れてきます。ですが、ただ子どもたちの話を聞いたり、記述を見たりしても、子どもたちの表現しているものをとらえるものさし（基準）がないと評価することはできません。

1 基準を設定しよう

　子どもたちの表現はどの状態にあるか（十分に満足できる？　おおむねに満足できる？　努力を要する？）基準を設定して評価することが大切です。もちろんそこには、本時の目標や本時に働かせる数学的な見方・考え方が関連していることが必要です。例えば、次のようなものです。

表している数学的な表現とその関連

　式（図）だけ、式（図）に数や言葉を用いて説明している、式と図が関連付けられている。

解法の数

　1つだけの解法を考えている、複数の解法を考えている。

筋道立てられた理由の記述

　理由を筋道を立てて書いている。

複数の解法を比較しての気付き

　違いを記述している、共通点を記述している。

発展的な展望の有無

　発展的に考えたいことを記述している。

　以上、すべてではありませんが例を示しました。どれを各授業で用いるとよいのかについては検討が必要となります。

2　表現する場を設定しよう

　子どもたちが自分の考えをかいたり、説明したりして表現する場、時間といった機会を保障することも大切です。またその際、子どもたちが自分で表現しようとする姿を見たい場合と、教師が「式だけじゃなく言葉も付けて書いてみようね」「理由も書いてみようね」「比べてみて気付いたことを書こうね」と投げかかる場合があります。

　授業中にすべての子どもたちの様子を把握することは難しいでしょうから、日ごろから自分の考えを記述する際には、⊕をつけて自分の考えと友だちから得た考えを区別してかくよう指導しておくとよいでしょう。後でノートを集めることもできますし、記録に残す評価に生かすこともできます。ICT端末を用いて提出機能がある場合はそちらからも集計できますね。

　またICT端末を使って、説明をする様子を動画で撮影して提出するなど、記述だけではない表現で子どもたちの考えや表現する姿を集計、評価することもできます。

7 主体的に学習に取り組む態度はどう評価する?

1 態度とは「〜しようとしている」状態のこと
2 基準を設定しよう
3 評価力を含めた授業・教育力を磨こう

1 態度とは「〜しようとしている」状態のこと

　第1節の冒頭で考えてみた、あなたの目指したい算数授業では、子どもたちはどのような様子ですか？「〜しようとしている」という文末で表現すると、どんな子どたちの姿になりますか？　この「しようとしている」状態を「態度」という言葉で表現していきます。

　しかし、態度自体はなかなか目に見えませんね。なので、彼らの表現に目を向ける必要があります。その態度を表現する場・機会を算数の授業の中に設定し、「〜しようとしている」態度を評価し、指導に生かす評価としたり、記録に残す評価としたりしていきます。

　学習指導要領解説では、「数学的活動の楽しさや数学のよさに気付き、学習を振り返ってよりよく問題解決しようとする態度、算数で学んだことを生活や学習に活用しようとする態度を養う」と示されています。

　また、これを受けて観点別評価では「主体的に学習に取り組む態度」の項目として、「数学的活動の楽しさや数学のよさに気付き粘り強く考えたり、学習を振り返ってよりよく問題解決しようとしたり、算数で学んだことを生活や学習に活用しようとしたりしている」と示されています。

2 基準を設定しよう

　これまでの節で述べてきたように、この「〜しようとする」態度を見取り、評価とするには、やはり私たちの見取る力がとても大切だとわかります。

前節の思考・判断・表現のように、主体的に学習に取り組む態度もまた、基準というものさしを持って見取ることで、目標を達成しているかどうかを評価することができます。その基準の中身は思考・判断・表現の評価項目と重なる部分も多いです。セットで評価できそうですね。

　ここで注意することがあります。決して挙手の回数や提出物やノートの記述量、そういったところで評価するものではないということです。そういう先生、学生時代にいませんでしたか？　そうではなくて、むしろその中身こそ評価の対象にする必要があります。

　子どもたちが問題に出会い、算数の授業で問いを見つけ、考え、共有し、学びを広げ、さらに発展させていこうとする。数学的活動の楽しさや数学のよさに気付く。これまでの学習とのつながり、生活のつながりを見いだそうとする、そういった姿を見つけて評価していきましょう。

　具体的にはやはり、記述がメインになるかと思います。自分で問題に取り組み、考えている際の記述、終末部の学びを振り返る際の記述、単元末での成果物や振り返りシートへの記述などが挙げられます。

　例えば5年生の「図形の面積」の振り返りシートのアとイの記述を見てみましょう。

　ア：「三角形の面積の求め方がわかりました」

　イ：「三角形の面積の求め方も、平行四辺形のときと同じように、求められる図形に形を変えてみると求められることがわかりました。これを使えば、台形やひし形もできそうな気がします。円はどうかな……」

　イの記述は、求め方を既習と関連付けて考えたことがわかりますし、その見方を用いて未習の図形への展望も持てていて、アの記述よりもよいと評価できます。

3　評価力を含めた授業・教育力を磨こう

「評価は難しい」という声をよく聞きます。私も本章でいくつかの評価の例を示しましたが、これが絶対ではないと思います。算数を学び、楽しむ子どもたちを適切に評価し、育てていくことが大切です。検討と実践を繰り返しながらその精度を上げていきましょう。そして、子どもたちに学び、評価力を含めた自身の授業力・教育力を益々向上させていきましょう。

謙虚に学び続ける教員でありたい

「はじめての算数」というテーマの本ですから、この本を手に取った方々は、おそらく経験年数の短い方が多いと思います。そこで私が、駆け出しだった頃の思い出を紹介したいと思います。

「小手先の技術に走っちゃあいけんで」

初任校の校長先生にかけていただいた言葉です。どうしたら子どもがもっと楽しく学んでくれるんだろうと思っていた私は、教育書を読んで、色々な手立てを参考に授業に生かしていくようにしていました。

しかし、授業を参観してくださった校長先生は上のような言葉を投げかけてこられました。当時の私は「子どもが楽しく前のめりに学習するようになって何がいけないのだろう」とも思いましたが、今なら少しわかります。教員の教育的意図があって初めて指導技術になるものだと思うのです。それを抜きにした時、その技術は小手先の技術ととらえられても仕方がないと思います。

また、教員4年目には尊敬している先生から「わかったつもりになってはいけないよ」と言われました。それまでそれなりに算数の授業をたくさんしてきて、少し自分に変な自信をつけていたのを見抜いてくださったのだと思います。今思えば、算数科教育の長い歴史や、数学の内容、子ども理解、授業の奥深さを知りもせず、確かにわかったつもりだったと思います。

出会うべき時に出会うべき人、言葉に出会うのだと思います。

自分の実践に驕らず、過信せず、謙虚に子どもたちと他の実践に学ぶことの大切に、これからも私は学び続ける教員でありたいです。

それが授業力、教育力、人間力をつけるために必要なことだと信じています。

第5章、読んでいただきありがとうございました。

第 6 章
算数の家庭学習

そもそも宿題の目的は？

1 宿題の目的を再考する
2 家庭学習の個別最適化が必要

1 宿題の目的を再考する

　ほとんどの先生が、子どもたちに宿題を課しているのではないでしょうか。きっと読者の先生方が子どもだった頃から同じように宿題が課されており、学校ではもはや当たり前のことのようになっています。でも、それくらい当たり前になっている宿題だからこそ、何も考えずに宿題を子どもたちに出していませんか。そもそも何のために宿題を子どもたちに出すのでしょうか。

　一般的に、宿題の目的として以下のような理由が挙げられることが多いです。

・家庭学習の習慣をつけるため
・多くの練習問題をさせて、定着をはかるため
・保護者の要望があるため

　では、本当に宿題を課すことで上記の目的は達成されているでしょうか。もっというと、そもそも大前提として、上記の目的でよいのでしょうか。

家庭学習の習慣をつけるため

　これが日本中で最もらしく言われる宿題を出す一番の理由ではないでしょうか。私も最初はこれが宿題の一番の目的だと考えていました。ですが、あるきっかけで意識が変わりました。2019年度末、コロナの感染拡大のために政府からの要請を受けて、日本中の学校が休校になりました。さて、その一斉休校中の子どもたちの姿はどうだったでしょうか。主体的に机に向かう姿はありましたか。もし担任するクラスでそういった姿があったのであれば、もうこの先

を読む必要はありません。でも、多くの場合は子どもたちはゲームやYouTube などで時間を費やし、机に向かっていなかったのではないでしょうか。"習慣" と言うならば、宿題がないときでも机に向かうことが日課になっているということです。ですが、現実の子どもたちは、宿題があるからしょうがなくやっているだけであり、本当の意味での学習習慣は6年経っても身に付いていないのではないでしょうか。

多くの練習問題をさせるため

確かに、算数において反復練習が必要なことは否定しません。しかし、本来、私は練習問題などをする時間は授業内できちんと確保すべきだと思います。なぜなら、家庭に演習を任せれば任せるほど、家庭環境による差を生むことになるからです。任せるにしても何らかの工夫が必要です。

保護者の要望があるため

保護者から学校に「宿題をもっと出してください」というような要望があることは理解できます。学校現場として保護者からのそのような要望を蔑ろにできません。だとしても、それは決して宿題の目的ではないのです。要望があるからと形式的な宿題を出したとしても、それはほとんど効果はありません。もっとよい形があるはずです。

2 家庭学習の個別最適化が必要

ここまでで、宿題の目的が実はほとんど達成されていないのではないかということを述べました。宿題を出すにしても出し方や宿題に変わるものを考えていく必要があることが見えてきたのではないでしょうか。

そこで1つの解決策としては、家庭学習の「個別最適化」です。子どもたち一人一人の学習状況や興味関心に合わせた課題を設定することで、よりその子にあった主体的な学びを促すことができます。私はそれを自主学習と呼んでいます。

ただ、学校事情などでどうしても宿題を出さざるを得ない事情がある方もいるでしょう。そこで、宿題を出すとしてもちょっとした工夫をするだけで、効果的なものになり、何よりも子どもたちが意欲的になります。そのことについて、少し考えていきましょう。

2 宿題を出すときのポイント

1 一般的な宿題の問題点
2 課題量の調整
3 面白い算数課題にしよう！

1 一般的な宿題の大きな問題点

　一般的な宿題の大きな問題点は2つあります。

　1点目は、全員が一律に同じ課題を課されるということです。そうすると、得意な子はものの数分で課題を終わらせます。それに対して、苦手な子はいくら時間をかけても終わらせることができません。だとすると、宿題が有効に機能しているのは、宿題のレベルがピッタリあっているクラスの$\frac{1}{3}$程度なのかもしれません。それ以外の子は簡単すぎたり、難しすぎたりしているのです。

　2点目は、受け身であるということです。宿題はどうしても子どもたちにとって「教師にやらされるもの」となりがちです。このイメージは今後の学びにとってあまりよいものではありません。ですから、宿題は誰かにやらされるものではなく、少しでも子どもたちが進んでやりたいというような内容にしていけるとよいでしょう。

2 課題量の調整

　全員が一律に同じ課題を出されることに対しての解決策としては、個々の子どもたちの理解度に応じて課題量を調整することが考えられます。

　例えば、計算ドリルを宿題として出すとします。その時に得意な子は20問全部、苦手な子は自分で10問選択してというように量を調整するわけです。他にも、「基本問題」「チャレンジ問題」のように分けて提示するということもありでしょう。

「こんなシンプルなこと？」と思われた先生もいるでしょう。でも、これだけで救われる子がいるのです。また、自分自身でどの問題を解くのか決めるので、小さな主体性にもつながります。さらに、教員は選択した傾向を把握することで、「くりあがりが2回ある計算に苦手意識をもっているのかな」などそれぞれの子の理解度を把握することにもつなげることができます。

3 面白い課題にしよう！

早いうちに「宿題＝つまらないもの」というイメージを崩したいものです。そこで、算数に関する興味が湧くような課題を考えて子どもたちに出します。

以下のような課題が考えられます。

算数パズルや謎解き
例) 与えられた形を4つの合同な形に分けるパズル、九九表を切ってつくったパズル、推理問題

日常生活での発見
例) チラシなど生活の中から小数や単位（mLやLなど）を見つけるなど

算数ゲーム
例) 車のナンバーで四則演算をして10をつくる、計算ビンゴ、数独など

右のプリントでは図形の中にそれぞれ正三角形が何個隠れているのかを考えます。実はこのプリント、最初は正方形の数を数える問題でした。それを、ある子が発展させて自分で問題を作ってくれたのです。

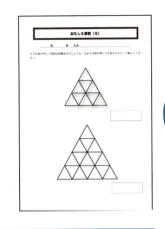

> 面白い問題の最大のメリットは、子どもたちが「もっとやりたい！」と一般的には嫌いなはずの宿題を自分から進んで求めるようになることです。

3 AIドリルvsノート学習 併用のすすめ

1 AIドリルの利点と課題
2 ノートの利点と課題
3 併用の重要性

　今はGIGAスクール構想によって、ほぼすべての学校でICT端末環境が整っていることでしょう。そのことで、AIドリルが注目を集めています。一方で昔からの紙のドリルを使った宿題がよいというような声もあります。算数学習におけるAIドリルとノート、それぞれのメリットとデメリットを比較してみましょう。

1 AIドリルの利点と課題

　まず、AIドリルの最大の魅力は、そのカスタマイズ性です。AIは子どもの学習状況をリアルタイムで分析し、最適な問題を提供します。この機能により、個々の苦手分野にフォーカスした効率的な学習が可能です。また、学習履歴が詳細に記録されるため、教師は子どもの進捗を把握しやすくなります。さらに、自動採点機能により、教師の負担が軽減されます。

　しかし、長時間のデジタルデバイス使用は、依存症や睡眠障害など、健康リスクが指摘されています。また、選択式の問題が多く、思考力や表現力の低下が懸念されます。

2 ノートの利点と課題

　一方、ノート学習には独自の強みがあります。ノートを使った学習は自由度が高く、自分のペースで進められます。問題を解く過程を手書きで記録することで、思考を書きながら整理し、理解を深めることができます。また、ノート

は簡単に見返せるため、復習に適しています。さらに、自己管理能力の向上にも繋がります。自分で解答を確認し、丸付けを行うことで、自律的な学習態度を育むことができます。

しかし、教師や保護者にとっては、採点やフィードバックの手間が増えるという課題もあります。また、子ども一人一人に最適な問題を提供することは難しく、個別対応が求められる場面も少なくありません。

3 併用の重要性

AIドリルとノート学習、結局どっちがいいの？という疑問をもつ先生も多いのではないでしょうか。実は、二者択一ではなく、両方のよいところを組み合わせることが、子どもたちの算数力を最大限に伸ばすことができます。

AIドリルは、一人一人のレベルに合わせた問題を出してくれたり、ゲーム感覚で楽しく勉強できたりするのが魅力です。基礎練習や計算問題など、繰り返し練習が必要な単元では、AIドリルが大活躍します。

一方、ノートは、自分の考えを自由に書き出したり、図や表を使って整理したりできるのが強みです。文章題や図形問題など、じっくり考え、説明する力を養いたい単元では、ノート学習が効果的です。

例えば、次のような併用が考えられます。

・計算ドリルや基礎練習はAIドリルでサクサク進める
・文章題や図形問題はノートを使ってじっくり考える
・AIドリルで間違えた問題は、ノートを使って解き直し、理解を深める

このように、AIドリルとノート学習を上手に使い分けることで、子どもたちは飽きずに、楽しみながら、そして深く算数を学ぶことができます。

教員も、AIドリルとノート学習、それぞれの特性を理解し、子どもたちの状況に合わせて柔軟に使い分けてみてください。きっと、子どもたちの算数への興味関心が高まり、学習効果もアップするはずです。

もちろん、学校によってICT端末環境や導入されているAIドリルは異なりますから、それぞれの状況に合わせて、最適な学習方法を見つけてください。

第6章 算数の家庭学習

4 宿題から自主学習へ

1 なぜ自主学習が必要なのか？
2 算数における自主学習
3 自立した学習者になることが最大の目的

1 なぜ自主学習が必要なのか？

　ここまで家庭学習を宿題だけにすることの問題点は述べてきました。そこで、それを解決するための方策が自主学習です。自主学習とは、自分が好きな内容を自分の好きなように家庭で追究していく学習のことです。つまり、子どもたちそれぞれが自分のレベルや興味関心に応じて課題を設定し、取り組んでいく探究的な学習をするということです。こうすることで、宿題が効果的ではなかった、宿題が簡単すぎる$\frac{1}{3}$の子と宿題が難しすぎる$\frac{1}{3}$の子にとっても意味があるものになります。さらに、自主学習は何をするのかを自分で選択するため、宿題とは違って主体的に考えていくところも大きく違います。単元は同じであってもそれぞれが取り組む内容は人によってバラバラになるということです。

2 算数における自主学習

　では、もう少し深くつっこんで算数で自主学習をするよさはあるのでしょうか。私はむしろ算数こそ自主学習に非常に向いていて、よさが多くあると思います。算数は何よりも問題を変えることが容易です。例えば、数値を変えるのはもちろん、三角形を扱ったならば、四角形で自主学習してみたり、整数に限定していたのを小数も含めたものにしたりするなどができます。
　実はそういった行為は算数・数学的にも大きな意味があります。それは発展をさせているわけです。つまり、三角形ではなくて、他の形でも三角形で使え

ていたことが使えるのかというようなことを調べているわけです。

　2年生で九九のかける数とかけられる数をそれぞれ1ずつ増やして、答えが10増える式を探すという授業をしました。

　例えば、2×7＝14という式を選んだとします。かけられる数とかける数を1増やすと、3×8＝24となります。答えが10増えているので成功です。しかし、5×3＝15だったら、かけられる数とかける数を1増やすと6×4＝24となって、答えは9しか増えていないので失敗というわけです。

　下のノートはその授業後、かけられる数とかける数を2ずつ増やして、答えが20増えるものを探しています。そして、最初にかけられる数とかける数の和が8になる九九を選べば、答えが20増えることを見つけています。

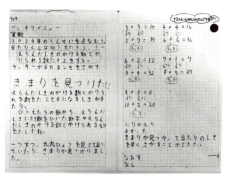

　また、自主学習をしている中で、本来は先の学年で学習する世界に突入してしまう子もいるでしょう。算数は誰かに教えられないと先に進めないものではなく、既習を使えば、自分の力で未知の学習も解決していけるという実感を子どもたちは知るでしょう。例えば私のクラスでは、わり算の学習をした後、自主学習で数値を変えると、わり切れない場合があることを見つけた子が何人もいました。

3　自立した学習者になることが最大の目的

　何よりも大切なのは、子どもたちが生涯にわたって学びが継続できる自立した学習者になることです。学びは強制されるものではなく、自分で課題発見をし、学んでいくものなのです。そう考えると、自主学習はまさに個別最適な学びであり、探究的な学びそのものです。子どもたちが自分自身で深めていきたいことを深めていけるのですから、愉しいに違いありません。

111

5 どのような自主学習があるのか?

1 教科書や問題集など既存の問題を解く
2 授業の内容をまとめる（ノートに実況中継する）
3 授業の内容を発展させる

私は自主学習には以下のような3つの段階があると考えています。

レベル1：教科書や問題集など既存の問題を解く
レベル2：授業の内容をまとめる（ノートに実況中継する）
レベル3：授業の内容を発展させる

1 教科書や問題集など既存の問題を解く

まずレベル1はこれまでの宿題と中身は同じようなものです。その日に学習した範囲の練習問題を解きます。ただ、自分自身で選択するという点で違います。苦手な子の中には「自主学習は何をしたらよいのかわからない」という子もいるので、このレベル1も一応設けておきます。

2 授業の内容をまとめる（ノートに実況中継する）

次にレベル2は、その日に学習した授業内容を自分なりにノートにまとめます。ノートに再現してみるということです。再現できるということは授業内容がわかっていますし、逆に再現できないのであれば理解できていない部分があるということです。注意したいのが、ただ授業ノートの丸写しをしては意味がないということです。友達の発言など実際の授業場面の実況中継をするイメージです。

具体的にはその日に学んだ問題を自主学習ノートの最初に書きます。あとはその日の授業内容を思い出しながら、自分で見開き1ページ程度でまとめてみるのです。

112

下の写真はL字に並べた●の数を求めた授業をまとめた自主学習ノートです。正方形と長方形に縦と横、右と左に分けたり、右上に想像の●をつけたして正方形にし、後からつけたした●を引いたりというようなことを上手にまとめてあります。

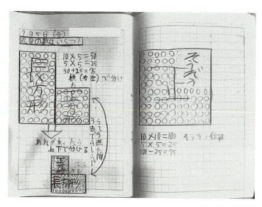

3 授業の内容を発展させる

　さて、問題はレベル3です。こういう自主学習は、いきなりは出てきません。教師の一工夫がいります。それは授業の最後に「自主学習にするならどういう問題にする？」と子どもたちに自主学習の視点を全体で共有しておくことです。

　先程のL字の●の数を求める授業のときには、「列を増やす」「L字でない形に変える」といった意見が出ました。

　右のノートはL字ではなく凹の形になっています。凹の形にして、L字の時に出た方法が使えないのかを試しています。

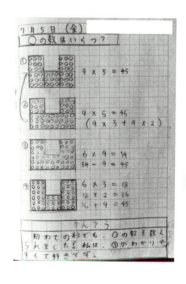

　ちなみに、私は年度はじめ2時間使い、1時間授業をしたら、次の1時間で自主学習を授業で行います。そして、仲間同士で自主学習を見せ合い、お手本を共有します。そうやって、自主学習をレベルアップさせていくことでクラス全体が高まっていきます。

6 学習のモチベーションを高める工夫

1 スーパー自主学習でやる気アップ！
2 自主学習タワーでクラスの絆を深める
3 授業で自主学習の種をまく

1 スーパー自主学習でやる気アップ！

　自主学習をすると、必ず「何をしたらいいの？」と迷う子がいます。そこで、クラスのキラリと光る自主学習ノートを「スーパー自主学習」として共有しましょう。お手本を見せることで、迷える子も一歩踏み出せます。

　でも、ただ見せるだけでは不十分。「この自主学習のすごいところは？」と問いかけ、「まとめ方が工夫されている！」「図や絵でわかりやすい！」など、具体的に言語化してもらうことが重要です。よい点をお互いに学び合い、自主学習の質が向上します。

　スーパー自主学習を選ぶ際は、以下の3つの視点でチェックしています。

---

①テーマ
授業の深掘り、身近な疑問の探究、好きなことの追究など

②まとめ方
レイアウト、ICT活用、色使い、図解、キャラクターなど

③子どもの状況
苦手な子が頑張った、新しいことに挑戦したなど

スーパー自主学習は、廊下に掲示するのも効果的。他クラスの子の目に触れることで、クラスの枠を超えた学びの輪が広がります。

2 自主学習タワーでクラスの絆を深める

自主学習は個人プレーになりがちです。そこで、クラス全体で取り組む「自主学習タワー」を作ってみましょう。完成したノートを積み上げていくことで、チームとしての達成感が生まれます。

「みんなで100冊目指そう！」といった目標を立て、達成したらお楽しみ会を開くなど、ご褒美を用意するのもよいでしょう。私のクラスでは、100冊ごとに達成記念イベントをしています。

学年末にタワーを解体するとき、子どもたちは自分の手元に返ってくるノートの量に驚き、「こんなに頑張ったんだ！」と達成感を感じることができます。

3 授業で自主学習の種をまく

自主学習を成功させるには、授業での「？」を引き出すことが重要です。授業の最後に「今日の内容で自主学習するなら、どんな問題にする？」と問いかけてみましょう。

例えば、算数の授業で5つの正方形に並んだマッチ棒の数の問題を出した後、「自主学習にするとしたら？」と聞くと、「三角形にする」「ピラミッド型にする」「正方形の数を増やす」などアイデアが出てきます。

これらのアイデアを板書に残しておくことで、自主学習のヒントになります。学期初めは、板書で「発展」を意識させ、徐々に子どもたちが自ら「？（ハテナ）」を見つけられるように促していきましょう。

自主学習を活性化させるには、教師の働きかけが不可欠です。

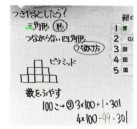

7 家庭との連携

1 算数通信で授業の面白さを伝えよう！
2 ICTを活用して
　双方向コミュニケーションを促進！
3 保護者会で家庭学習の意義と方法を共有！

　小学生の場合、家庭学習については保護者との連携が欠かせません。保護者との連携のポイントは情報共有です。保護者の方があなたの算数授業に価値を見いだしてくれれば、きっとそれが子どもにもよい効果をもたらします。

1 算数通信で授業の面白さを伝えよう！

　保護者会や授業参観だけでは、学校で日々どのような工夫を凝らして授業を行っているか、十分に伝えることが難しい場合があります。そこで、月に1度や単元に1回など定期的に算数通信を作成してみましょう。
　算数通信には以下のようなことを書きます。

- ●日常の算数授業についての報告（授業の意図なども伝える）
- ●テストの分析や復習の仕方
- ●自主学習の取り組み方や共有

　特に重要なのは、授業の面白さを伝えることです。子どもたちが算数に夢中になっている様子や、新しい発見に目を輝かせているエピソードなどを盛り込むことで、保護者の方々にも授業のワクワク感が伝わるはずです。「こんな面白い授業を受けているんだ！」と保護者の方が感じてくれれば、先生方を応援してくれるだけでなく、子どもたちにも家庭学習への前向きな声かけをしてくれるでしょう。

2 ICTを活用して双方コミュニケーションを促進！

　ICTを活用することで、タイムリーかつ効果的な情報共有が可能になります。

学級通信のPDFデータを
こちらからご覧いただけます。
（データサイズ約2MB）

　例えば、算数通信を授業当日に配信することができます。実情に応じてですが、時には保護者の方からのコメントも呼びかけると、双方向のコミュニケーションを図ることもできます。

　また、授業動画や板書写真を共有することで、保護者の方々はまるで授業参観をしているかのように、普及の授業の様子をいつでも確認できます。板書写真は、子どもたちが家庭学習で復習する際にも役立ちます。さらに、家庭学習の提出をICTで行うことで、保護者は子どもの提出状況を簡単に把握でき、安心感につながります。

3　保護者会で家庭学習の意義と方法を共有！

　保護者会は、保護者の方々に直接語りかける貴重な機会です。自主学習がなぜ必要なのか、どのような効果があるのかを丁寧に説明し、理解と協力を得ることが大切です。

　効果的な方法の一つとして、模擬授業の実施が挙げられます。保護者の方々に、子どもたちが実際に体験している算数授業を体験してもらうことで、より具体的なイメージをもってもらうことができます。さらに、家庭学習への発展的な視点も共有することで、保護者と同じ方向で取り組むことができます。

　また、具体的な家庭学習の例をいくつか紹介することも有効です。例えば、計算カードゲームやパズル、日常生活の中で算数を見つける活動などを提案し、保護者の方々が家庭で実践しやすいようにサポートしましょう。

　保護者の方々にも算数授業の愉しさや、子どもたちの成長を感じてもらうことが重要です。そうすれば、学校や先生を応援し、同じ方向で子どもたちをサポートしてくれるはずです。

Column

子どもに任せることと
教師が出ることのバランス

　最近は、「個別最適化」というキーワードを頻繁に耳にするようになりました。そして、子どもたちが自分自身のペースで教科書やプリントを進めていく、自由進度学習のような学習形態も増えてきました。そういった中で、「一斉授業のような教師主体の古臭い授業は時代遅れだ」と断言する人までいます。

　もちろん、教師だけが常に主体ではいけませんが、授業の中で教師が前に出るべきときはあるはずです。例えば、運動会などの学校行事でも「子ども主体で」といった言葉が一人歩きしているように感じます。しかし、その言葉通りに本当に教師は何もせずに子どもたちにただ任せて待っているだけで、子どもたちが動き出すというようなことはあるのでしょうか。私はそんなことはありえないと思っています。最初は子どもたちに練習をする目的を語ったり、どのような練習をしたらよいのかをある程度は教師が示したりする必要があるでしょう。そうして、だんだんと子どもたちが自立できるよう教師の手を引いていきながら子どもたちだけで練習できるようにしていかないといけません。

　授業でも子どもたちだけにいきなり授業を任せると、問題が解ければよいと思い込んでいる場合がほとんどです。そうではなく、最初は教師が算数の授業の価値や授業の受け方、家庭での発展のさせ方などを、具体的に示していく必要があるでしょう。子どもたちだけでは足りない部分は深める発問も必要でしょう。算数の授業でどういったものが大切なのかという価値観が子どもたちの中に浸透していくはずです。そうれば、段々と子どもたち自身で学びを進めていけるでしょう。

　ですから、最初は教師が出る割合が多く、年度末になるにしたがって子どもたちに委ねていく部分が増えていくはずです。

第 7 章

Q&A

どうすれば算数の授業が うまくなりますか？

　自分の「求める授業」をみつけましょう。

　授業がうまくなるということはどういうことなのか、人によってちがうとは思います。ただ、算数の授業をしていく上で、必ず大切にしてほしいことがあります。それは「授業観」です。教師が子どもたちに教え込むのではなく、教師は子どもたちからいろいろなことを引き出すという授業観です。

　新規採用のときには、まず「教科書を開いて、問題文を読んで、子どもたちを型にあてはめて、授業を流すことができるようになりなさい」というようなことを言われてしまいがちです。型にはまった授業ばかりをしていると、なんとなく算数の授業を流すことができるようになってくるかもしれません。しかし、そのような授業ばかりしていると、子どもたちからいろいろなことを引き出すという授業はできないと思います。

　授業を流すことはできても、教師自身も楽しいと思える授業とは、程遠くなるということです。

　算数の授業がうまくなりたいと思えば、自分とはちがう先生方の授業をたくさん見ることが大事になってきます。ひょっとすると、読者の方の学校のまわりには、型にはまった授業しかしてはいけないと言われている先生しかいないかもしれません。残念ながら、そのような授業を何度見ても、自分のやってみたい授業には出会えないと思います。

　全国には、子どもたちのことを思い、子どもたちが考えたくなる問題提示をして、子どもたちの言葉を大切にして、授業を進めていく先生がたくさんおられます。

　教員になって、なるべく早い段階で、そのような先生方がする授業を見ることをお勧めします。「自分が求めていた授業はこれだ！」という授業をみつけることができれば、進むべき方向がはっきりとします。スタンダードではない、子どもも教師も楽しそうにしている授業と出会えることを願っています。

どうして学力差が生まれてしまうのでしょうか?

　　　原因のひとつは、教師の言葉にあります。

　わたしは、全国の多くの先生方とお話をする機会があります。そのときに、よく話題に挙がるのが「学力差」です。若手の先生だけではなく、ベテランの先生からも、「うちのクラスは学力差が開いていて大変です」「どうして、学力差が生まれてしまうのでしょうか?」などという質問を受けることがあります。
　算数の授業をしていると、どうして学力差が生まれてくるのでしょうか。
　子どもたちのもともともっている力がちがうから仕方がないのでしょうか。確かに、もって生まれた能力の差はあると思います。しかし、それだけを原因にしていては何の解決にもなりません。
　授業がうまくいかないことや、子どもたちの学力に差が開いてしまうことを、子どものせいにする教師になってはいけないと思います。
　学力差が生まれてしまう原因のひとつは、教師の言葉にあります。
　算数の授業をしていると、他の教科とちがって、あらゆる場面で子どもたちの「わかる」「わからない」がはっきりします。そんな教科だから、算数の時間に、教師が必ずといっていいほど使っている、学力差を生む言葉があります。
　それは「わかった?」という言葉です。
　この言葉は、算数の時間にほとんどの教師が何回も使っています。使ってはいけないわけではないですが、大切なのは、教師が「わかった?」と言って、元気な声で「わかった!」と言ってくるのは、どんな子どもたちなのかと考えることです。反応してくるのは、わかっている子どもたちです。わかっていない子どもたちは、「わかった?」という教師の言葉には反応しづらいのです。
　教師が「わかった?」「できた?」と尋ねれば尋ねるほど、反応してくる子どもは決まってきます。いつも「わかった?」と尋ねるのではなく、「今のは難しかった?」とか、だれかが発表した後に「どうだった?」と、わかっていない子どもたちも反応しやすい言葉を選んでいきましょう。

Q3 どうすれば子どもたちは友だちの話を聴くようになりますか？

 形式を増やすのではなく、子どもたちに意味を伝えましょう。

「主体的・対話的で深い学び」というキーワードが出されてから、世の中で「対話」が話題にされることが多くなりました。しかし、それよりも前から教室の中で「対話」は大切にされてきました。ただ、対話、対話といいますが、それ以前に困ることは、今も昔もたくさんあります。

そもそも、子どもたちが友だちの話を聴くことができないということです。

わたしが初任者だった頃、「『話す・聞く』子どもを育てる」というテーマで校内研修が行われていました。「高学年は中学年よりも話を聞くことができないといけないから、中学年よりも高いレベルの『聞く』にしないといけないね」と、真剣に話し合い、形式をどんどん増やしていました。とても時間をかけて。

しかし、そんなことをしてもまったく効果がありませんでした。それはそうです。作り過ぎた形式すら覚えることができなかったですし、その一つ一つを伸ばすためにどんなことをすればよいのかという具体がなかったからです。

人は何のために人の話を聴くのでしょうか。それは、その人を大切にするためです。形式を作ったところで、子どもたちにはこの大前提が伝わりません。

Aさんが話をしていて、Bさんが聞いていなかったとき、教師は「Bさん、きちんと聞こうね」と注意をしたがります。これは、だれにでもできることです。しかし、それでBさんが成長することはありません。こんなときは、教師がBさんを注意するのではありません。Aさんに尋ねるのです。「Bさんが、Aさんの話を聞いていなかったみたいだけど、どんな気持ち？」と。すると、Aさんは「悲しい」と言うはずです。そのことがBさんに伝わらないといけません。そして、もう一度Aさんに話をしてもらう。Bさんが聞いていたとします。今度は、褒めたくなりますね。でも、ちがいます。Bさんが聞いていたときも、Aさんに尋ねるのです。「Bさん、今度は聞いていたね。Aさん、今どんな気持ち？」と。すると、Aさんは「うれしい」と言うのではないでしょうか。

個人→グループ→全体という
学習形態は必ずした方がよいですか?

 必ずしもすべてを行う必要はありません。それぞれのよさを理解し、その場に適した学習形態で学習を行いましょう。

　算数の授業をイメージする際、右のような学習の流れを思い浮かべる方も多いのではないでしょうか。オーソドックスな授業の流れであることは間違いないですが、必ずしも「個人→グループ→全体」という形態で学習を行う必要はありません。また、学習形態はこの3つだけでもありません。学習形態の種類とそのそれぞれのよさをよく理解し、時には臨機応変に教師が学習形態を指示することで学びが深まることもあります。主な学習形態の種類とそのよさは、以下のようなものが考えられます。

課題の把握
↓
一人学び
↓
グループで話し合い
↓
全体で話し合い
↓
練習問題
↓
振り返り

個人
じっくり問題と向き合い、自分の考えをもつことができる。

ペア
気軽に考えをアウトプットできる。全体で発表する前に隣同士で確認することで自信をもって発表することにもつながる。

グループ
多様な考え方をもとに議論することができたり、考えが深まったりする。

全体
学級全体で考え方を共有することができる。共有したことをもとにさらに話し合うことで、学級全体の理解が深まることもある。

自由
友達と交流するタイミングや場を自分で選択することができる。また、意見が近い者同士で話し合うことで考えを深めたり、考えが違う者同士で話し合うことで新たな視点を得たりすることができる。

　大切なのは、子どもがそのとき、どのような状況にあるのかを見取り、判断することです。型にはめてしまわず、まずは色々な学習形態を試し、そのメリットとデメリットをしっかりと把握しましょう。その授業の学習内容、教材、そして目の前の子どもの状況にぴったり合った学習形態が見えてくるはずです。

おわりに

　先生方は、この本を読む前と読んだ後で、何かが変わりましたか。変わったとしたらどんなことが変わりましたか。

・「数学的な見方・考え方」「数学的活動」のことが少しわかった
・どのように授業をすればよいのか、ぼんやりとイメージできた
・自分の見てきた授業とちがう世界があることを知った

　この本と出合ったことで、どんな些細なことでも、読者の皆様が授業を変えようと思うきっかけになったのであれば、こんなにうれしいことはありません。

　わたしは、自分が新規採用から３年間くらいは、どのように学んでいけばよいのかさえ、よくわかっていませんでした。ただ、校内や市内の先生方と出会い、多くのことを教えてもらうことはできました。とても感謝しています。

　しかし、その学び方は受け身だった気がします。

　人が本気で学ぼうとするとき、受け身ではなく、自分から動き出さなければいけません。

「受動から能動へ」

　筑波大学附属小学校算数部の大先輩である正木孝昌先生の本のタイトルになっている言葉です。「能動」とは、対象に積極的に働きかけ、目的をもって相手を動かすことなど　と示されています。

　教師の仕事はどんどん多様化し、多忙な日々に押しつぶされそうになることもあります。わたしもそうです。

　ただ、そんな中、自ら動き出すと少しだけ強くなることができます。成長することができます。人との出会いだけでなく、自分の価値観を変える本との出合いは大切です。わたしにとって、正木先生の本は、自分の授業観を変える大きなきっかけになっています。

おわりに

　皆様も授業を変える一冊をたくさん見つけてみてください。

　この本は、わたしを含めて6人で書いています。

　大林将呉先生は、わたしが山口の附属小学校にいたときに、熊本県から授業を見に来てくださり、協議会で散々意見を交わしたことがある方です。熊本の附属小学校に勤めたあと、大学の先生をされています。岩本充弘先生とは、全国算数授業研究会に参加したときに出会いました。若いときから子どものことと算数のことを真剣に考える芯のあるすてきな先生です。前田健太先生は、ずっと私立の学校で教鞭をとられています。SNSを使って、全国の先生方の質問や悩みに丁寧に答えている、人のことを大切にされる若くて力のある方です。田渕幸司先生とは、多くの会議やわたしの勉強会でご一緒させていただいています。会議の中では、ユーモアを交えながら的確な意見を言われることが何度もあります。おもしろく、まわりがしっかりと見えている方です。荒川知美先生とは、ある研究会の懇親会で意気投合しました。その後、何度もわたしのクラスの授業を参観して、一人一人の子どもの成長をにこやかに話してくださるすてきな先生です。

　今回、この本を書きあげるにあたり、どうすれば教員になられて数年しか経っていない先生方のお役に立つ本を創ることができるのか、考えました。そのとき、この大好きな5人の先生方の顔が浮かんできました。それぞれの経験から読者の皆様に伝えられる最善のことを選択し、発信したところです。

　最後になりますが、このような素敵な機会を与えてくださり、常に一生懸命わたしをサポートしてくださった東洋館出版社の石川夏樹様に感謝申し上げて、終わりとさせていただきます。

筑波大学附属小学校　　**森本隆史**

編著者紹介

* 所属は2025年1月現在

森本隆史 (もりもと たかし)　　　　　　　　　　　第1章／第7章1〜3

筑波大学附属小学校 算数教育研究部 教諭
山口県公立小学校 教諭、山口大学教育学部附属山口小学校 教諭を経て、現職。全国算数授業研究会 常任理事、日本数学教育学会 実践教育推進部小学校部会 常任幹事、教科書『みんなと学ぶ 小学校算数』(学校図書)編集委員、隔月刊誌『算数授業研究』編集委員。

執筆者一覧

田渕幸司 (たぶち こうじ)　　　第2章

兵庫教育大学附属小学校 教諭
長崎県出身。兵庫県公立小学校 教諭を経て、現職。

大林将呉 (おおばやし しょうご)　第3章／第7章4

佐賀大学教育学部 講師
熊本県公立小・中学校 教諭、熊本大学教育学部附属小学校 教諭を経て、現職。日本数学教育学会 渉外部幹事。

荒川知美 (あらかわ ともみ)　　　第4章

東京都公立小学校 教諭
同校 研究主任。日野市、東村山市を経て、現在中野区。東京都算数教育研究会 研究委員会。算数数学教育合同研究会。

岩本充弘 (いわもと たかひろ)　　　第5章

広島大学附属小学校 教諭
広島県公立小学校教諭、広島大学教職大学院院生を経て、現職。全国算数授業研究会 常任幹事。

前田健太 (まえだ けんた)　　　　第6章

慶應義塾横浜初等部 教諭
ノートルダム学院小学校教諭、国立学園小学校教諭を経て、現職。全国算数授業研究会 常任幹事。教科書『みんなと学ぶ 小学校算数』(学校図書)編集委員。単著に『しかける！ 算数授業』(明治図書)。日々の授業実践・算数ネタをX(@mathmathsan)などSNSで積極的に発信している。

カスタマーレビュー募集

本書をお読みになった感想を下記サイトにお寄せください。レビューいただいた方には特典がございます。

https://www.toyokan.co.jp/products/5777

LINE 公式アカウント

LINE 登録すると最新刊のご連絡を、さらにサイトと連携されるとお得な情報を定期的にご案内しています。

はじめての算数

2025（令和7）年3月21日 初版第1刷発行

編 著 者 ： 森本隆史
発 行 者 ： 錦織圭之介
発 行 所 ： 株式会社東洋館出版社
〒101-0054 東京都千代田区神田錦町2丁目9番1号コンフォール安田ビル2階
営業部　電話 03-6778-4343　FAX 03-5281-8091
編集部　電話 03-6778-7278　FAX 03-5281-8092
振　替　00180-7-96823
Ｕ Ｒ Ｌ　https://www.toyokan.co.jp

装丁・本文デザイン： mika
キャラクターイラスト： 藤原なおこ
印刷・製本： 藤原印刷株式会社

ISBN 978-4-491-05777-4
Printed in Japan

JCOPY 〈(社)出版者著作権管理機構 委託出版物〉
本書の無断複写は著作権法上での例外を除き禁じられています。複写される場合は、そのつど事前に、(社)出版者著作権管理機構（電話 03-5244-5088　FAX 03-5244-5089　e-mail: info@jcopy.or.jp）の許諾を得てください。

授業づくりの基礎・基本をぎゅっとまとめた
「はじめて」シリーズ！

はじめての国語
茅野政徳・櫛谷孝徳 著

はじめての社会
宗實直樹 著

はじめての算数
森本隆史 編著

はじめての理科
八嶋真理子・辻 健 編著

はじめての図工
岡田京子 著

はじめての体育
齋藤直人 著

はじめての英語
江尻寛正 編著

はじめての道徳
永田繁雄・浅見哲也 編著

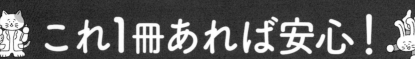

不安な教科・苦手な教科も これ1冊あれば安心！